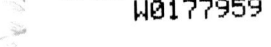

Friedbert Stohner

Ich bin hier bloß der Teddy

Friedbert Stohner

Ich bin hier bloß der Teddy

Gestaltung und Illustration
Hildegard Müller

Carl Hanser Verlag

Überraschung!

Also es war an einem Montag, da durften wir unser Lieblingskuscheltier mit in die Schule bringen, und ich hab Lotti mitgenommen, und als ich nach Hause kam, war sie nicht mehr in meinem Rucksack, sondern bloß Nikos blöder Gorilla, der angeblich dauernd pupsen musste, dabei war es bloß Niko selber mit den Lippen.

So ist mein Teddy Lotti verschwunden, und ich musste so doll weinen, dass meine Mama Nikos Mama anrief, ob wir die Kuscheltiere bitte gleich am selben Nachmittag wieder zurücktauschen könnten, meins wäre ein grüner Lodenstoffteddy, und eigentlich könne man ihn nicht mit einem Gorilla verwechseln. Vielleicht hätte es Niko auch nicht böse gemeint, aber so richtig klasse fände sie, also Mama, die Idee mit den vertauschten Kuscheltieren nicht.

Ich konnte nur Mama reden hören, darum weiß ich nicht genau, was Nikos Mama geantwortet hat, aber jedenfalls hat Mama sich hinterher entschuldigt und gesagt, sie hofft, dass sich alles bald aufklärt, und ja, wir kämen gleich vorbei.

»Und er war's trotzdem«, hab ich gesagt, als Mama aufgelegt hatte. »Der streitet *immer* alles ab.«

»Diesmal anscheinend nicht, Liebes«, hat Mama gesagt und mich in den Arm genommen. »Er weint nämlich auch ganz doll, weil ihm sein Gorilla so fehlt, und Lotti ist bestimmt nicht bei ihm. Seine Mama sagt, sie war dabei, als Niko nach der Schule seinen Rucksack aufgemacht hat, und bei ihm war überhaupt kein Kuscheltier mehr drin.«

So fing die Geschichte an, und Niko hatte wirklich nichts mit Lottis Verschwinden zu tun, das hat sie mir selbst erzählt, aber erst mal war sie ja weg, und ich hab die ganze Woche nur immer weitergeweint, meistens nachmittags und abends, aber ein paarmal auch in der Schule, und wenigstens waren alle in der Klasse lieb und haben mich getröstet. Ein paar, die richtig viele Kuscheltiere haben, wollten mir sogar eins schenken, aber ich hab je selber noch andere, Hildi, das Huhn, zum Beispiel. Oder Eulalia, die Eule. Die sind schon auch nett, aber Lotti ist eben besonders.

Und am Sonntag drauf war sie plötzlich wieder da. Mitten beim Abendessen hat es wie wild an unserer Haustür geklingelt, und als Papa hinkam, saß Lotti auf der Fußmatte.

Papa ist sogar auf die Straße gelaufen, ob er jemanden sieht, weil Lotti ja gar nicht bis zum

Klingelknopf hochkommt und unmöglich selbst geklingelt haben konnte, aber da war niemand.

Mama und Papa haben dann lange überlegt, wer's gewesen sein könnte: vielleicht ein anderes Kind aus unserer Klasse, das auf einmal ein schlechtes Gewissen bekommen hatte. Oder die Eltern von dem Kind, die alles rausgekriegt hatten und denen die Sache peinlich war.

Inzwischen weiß ich, dass Mama und Papa gar nicht so verkehrt lagen, aber an dem Sonntag war's mir erst mal ganz egal, wo Lotti herkam. Ich musste sie bloß die ganze Zeit knuddeln und wieder genauso doll weinen wie als sie weg war, nur diesmal eben, weil sie wieder da war. Sogar beim Zähneputzen hab ich sie geknuddelt und hinterher, als ich in meinen Schlafanzug geschlüpft bin, obwohl's da echt schwierig war mit den Hosenbeinen und Ärmeln und allem.

Und im Bett unter der Decke ist es dann passiert: Ich hab Lotti was ins Ohr geflüstert, und auf einmal hat sie gesprochen.

»Schade, dass du nicht erzählen kannst, wo du die ganze Woche gesteckt hast!«, hab ich geflüstert, und Lotti hat geantwortet: »Wer sagt denn, dass ich das nicht kann?«

Ich bin so erschrocken, dass ich nach Mama

rufen wollte, aber genau da kam sie sowieso ins Zimmer, weil sie an dem Abend mit der Gutenachtgeschichte dran war.

»Ist was?«, hat sie gefragt, weil ich anscheinend noch ganz verdattert ausgesehen habe.

»Lotti kann sprechen!«, hab ich gesagt, und Mama hat gelacht und gesagt, dann hätte sie ja mal genau die richtige Gutenachtgeschichte ausgesucht, weil darin nämlich auch ein sprechendes Kuscheltier vorkäme, allerdings kein Teddy, sondern ein Schnabeltier, das dauernd dazwischenquasselt und auch noch alles zweimal sagt.

Falls es jemand nicht weiß: Die richtigen Schnabeltiere leben in Australien und sehen ein bisschen aus wie Biber mit einem Entenschnabel, und die Geschichte hat auch in Australien gespielt und war vielleicht sogar witzig, jedenfalls musste Mama dauernd lachen. Von der Geschichte selber weiß ich nur noch, dass das verquasselte Schnabeltier Bo hieß und seine Freundin Bu, und dass Bu immer sauer wurde, wenn Bo Bubu zu ihr gesagt hat. Sonst musste ich die ganze Zeit darüber nachdenken, ob Lotti jetzt wirklich sprechen konnte oder ob ich's mir vielleicht nur eingebildet hatte.

Ich hatte es mir aber nicht nur eingebildet.

Als Mama draußen war, hab ich noch gewartet, bis ich ihre Schritte auf der Treppe nach unten höre, dann hab ich Lotti gefragt, ganz leise und im Dunkeln.

»Lotti, kannst du wirklich sprechen?«

Und sie: »Wie hört sich's denn an?«

»Wie Sprechen«, hab ich zugegeben, und sie hat gesagt: »Na siehst du.«

Aber wie das sein konnte, und ob jetzt alle Teddys sprechen konnten oder nur zufällig sie, wollte sie mir nicht verraten. Oder noch nicht. Vielleicht später irgendwann. Jetzt sollte ich sie erst mal nicht mit Fragen nerven und ihr nur schwören, dass das mit dem Sprechen unser Geheimnis blieb und ich nie, nie, nie mit jemandem darüber redete.

»Gut, ich schwör's«, hab ich gesagt, und sie hat gesagt, ich soll sie zum Erzählen aufs Kopfkissen setzen, damit ich ihr nicht die ganze Zeit die Luft abquetsche. Da ist mir überhaupt erst aufgefallen, dass ich sie immer noch knuddle.

»Entschuldigung!«, hab ich gesagt und ihr eine Kuhle ins Kopfkissen gedrückt, und als sie's richtig schön bequem hatte, hab ich mich mit dem Kopf ganz nah danebengelegt, damit sie nicht so laut reden musste.

»Und es war doch Niko, stimmt's?«, hab ich

zum Schluss gefragt, und sie hat gesagt: »Nein, mein kleines Schnabeltier – und jetzt quassel mir *bitte* nicht dauernd dazwischen!«

So war das. Von da an hat Lotti mir bis zum nächsten Sonntag jeden Abend vorm Einschlafen ihre verrückte Geschichte erzählt. So haben wir's abgemacht, und ich hab ehrlich nur so wenig dazwischengequasselt, wie ich konnte.

Übrigens heiße ich auch nicht Bo oder Bu, sondern Mathilda.

Was Lotti am Sonntag erzählt

Vom armen Lenny

»Es war nicht Niko«, fing Lotti an. »Es war deine Banknachbarin, Lina.«

»Du spinnst!«, sagte ich. »Lina ist meine Freundin, so was macht sie nicht.«

»Doch, mein kleines Schnabeltier«, sagte Lotti. »Aber ich glaube, sie hat's nicht böse gemeint. Weißt du noch, wie ihr nach der letzten Stunde alle auf dem Schulhof herumgetobt seid? Ich hab zwar im Rucksack gesteckt, aber man konnte euch ja gut genug hören. Eure Rucksäcke habt ihr einfach nur auf einen Haufen geschmissen, und da wird Lina auf die Idee gekommen sein, mich und den Gorilla zu vertauschen.

Es sollte bestimmt nur ein kleiner Scherz werden. Oder jedenfalls denk ich's mir so. Was genau in den Köpfen von Menschen vorgeht, können wir Teddys immer nur raten, und richtig dabei war ich ja erst, als mich Lina aus dem Rucksack holte. Da hab ich gesehen, dass sie ganz allein bei dem Rucksackhaufen stand und den Gorilla schon unter den Arm geklemmt hatte. Sie hat ihn schnell in deinen Rucksack gesteckt, und *mich* wollte sie in den von Niko stecken. Aber genau da kam Niko plötzlich angerannt, und sie konnte nur noch schnell seinen Rucksack zumachen, sonst hätte er was gemerkt.

Ja, und gleich hinter Niko bist *du* gekommen, und jetzt wusste Lina wohl überhaupt nicht mehr, was sie machen sollte. Also hat sie mich nur schnell hinterm Rücken versteckt – und da war leider der Abfallkorb bei der Schulhaus-

treppe. Als Lina das gemerkt hat, hat sie mich einfach fallen lassen …«

An der Stelle machte Lotti eine kleine Pause, und ich konnte nicht anders und sagte wütend: »Na warte, du falsches Biest!«

Aber Lotti schüttelte den Kopf. Ehrlich jetzt. Zwar nur ein winzig kleines bisschen, aber ich hab's genau gesehen.

»Pass auf, Liebes!«, sagte sie, und ich dachte schon, jetzt kommt wieder das mit dem Schnabeltier, aber ich sollte ihr nur noch mal was versprechen.

»Versprich mir bitte, dass du mit Lina erst schimpfst, wenn ich mit meiner Geschichte fertig bin!«, sagte sie. »Oder noch besser: Behalt in der Schule überhaupt erst mal für dich, dass ich wieder da bin!«

»Und warum?«, hab ich gefragt.

»Weil man manchmal erst am Schluss einer Geschichte weiß, wer darin die Guten und die Bösen sind«, sagte Lotti, nachdem sie kurz überlegt hatte.

Ich musste auch kurz überlegen, dann dachte ich, gut, vielleicht hat sie ja recht, und obwohl ich wusste, dass es mir schwerfallen würde, hab ich's ihr versprochen. Dann hat sie weitererzählt.

»Falls du noch nie kopfüber in einem Abfallkorb gesteckt hast, sei bloß froh!«, hat sie geseufzt. »Es war fürchterlich. Ich versteh ja, wenn jemand keinen Tomatenstreichkäse mit Salatgurkenscheiben mag, aber dann kann er's doch zu Hause sagen, damit er so was gar nicht erst aufs Pausenbrot bekommt! Kannst du dir vorstellen, wie es ist, wenn man mit seiner empfindlichen Schnauze zwischen zwei Scheiben Schwarzbrot klemmt und sich das bisschen Platz dort mit extradick geschmiertem Tomatenstreichkäse und labberigen Salatgurkenscheiben teilen muss? Mir war ganz schlecht, und als Teddy kannst du zwar ein bisschen nicken und den Kopf schütteln, aber dich ja nicht aus so einer Lage befreien.«

Da hatte ich den Beweis, dass ich mir Lottis Kopfschütteln nicht nur eingebildet hatte, aber ich wollte sie nicht schon wieder unterbrechen.

»Das mit dem angebissenen Pausenbrot war Pech«, erzählte Lotti weiter. »Aber ich hatte auch Glück, nämlich dass ich nicht den ganzen Tag in dem Abfallkorb stecken bleiben musste. Ich weiß nicht, wie lange es genau gedauert hat, aber irgendwann, als es auf dem Schulhof schon ganz still war, hab ich auf einmal Schritte gehört, und jemand hat mich an einem Bein aus dem Abfallkorb rausgezogen. Ein größerer Junge war

das, und erst dachte ich, der hat vielleicht nachmittags noch Schule. Aber gleich darauf kamen noch mehr größere Jungs, und einer hatte einen Fußball dabei, und plötzlich ging oben im Schulhaus ein Fenster auf, und ein Mann hat gerufen, dass sie sich bloß verziehen sollen …«

»Die Jungs waren Viertklässler«, hab ich Lotti erklärt. »Die wollen nachmittags immer auf dem Schulhof kicken, und der Mann war unser Hausmeister, der's nicht erlaubt, weil er Angst um die Fensterscheiben hat.«

»Siehst du, und der Hausmeister ist schuld, dass mich der Junge mitgenommen hat«, sagte Lotti. »Er hatte mich nämlich schon auf die

Treppe gesetzt und wollte ohne mich los, aber
der Hausmeister hat ihm hinterhergerufen, dass
er gefälligst auch seinen Teddy mitnehmen soll.

›Das ist nicht meiner!‹, hat der Junge zurückgerufen, aber der Hausmeister hat's ihm
nicht geglaubt und gedroht, dass er gleich
runterkommt. Da hat mich der Junge schnell
geschnappt und ist mit seinen Kumpels wegge-
rannt.

Ich glaube, das mit mir haben die anderen
Jungs erst gar nicht richtig mitbekommen. Erst

als sie stehen geblieben sind, hat einer mit dem Finger auf mich gezeigt und sich nicht mehr eingekriegt.

›Guckt mal, Lenny hat seinen Teddy mitgebracht!‹, hat er gefeixt. ›Der soll ihn wahrscheinlich trösten, wenn er wieder mal verliert.‹

›Blödmann, den hab ich gefunden!‹, hat sich Lenny gewehrt, aber es hat ihm nichts genützt. Auf einmal wollten ihn seine Kumpels nur noch ärgern.

›Klar doch, Lenny, so Teddys liegen ja überall herum.‹

›Und ganz zufällig haben sie auch genau denselben Tomatenstreichkäse um die Schnauze, den du immer auf dem Pausenbrot hast.‹

Den Streichkäse hatte der arme Lenny noch gar nicht bemerkt, aber als er mich jetzt hochhob und genauer anschaute, sah er, dass sein Kumpel recht hatte. Auf meinem schönen grünen Lodenstoff war die rosa Schmiere ja gut zu erkennen.

›Das Streichkäsebrot hab ich in der großen Pause in den Abfallkorb bei der Schulhaustreppe geschmissen, und genau in dem war auch der Teddy‹, erklärte Lenny seinen Kumpels, aber die waren jetzt nicht mehr zu bremsen.

›Rein zufällig, klar!‹

›Nein, gar nicht zufällig: Der Teddy ist ihm von zu Hause ausgebüxt, weil er Tomatenstreichkäse so gern mag und ihn vom Abfallkorb bis in Lennys Zimmer gerochen hat!‹

›Aber Lenny hat's gemerkt und ist ihm nachgerannt!‹

›Dem Streichkäse?‹

›Nein, dem ausgebüxten Teddy, du Dödel!‹

›Genau. Lenny ist ihm nachgerannt, und darum war er heute auch als Erster auf dem Schulhof!‹

Es war genau wie bei manchen Teddyjungs, wenn sie einen ärgern wollen, und ich an Lennys Stelle hätte die Witzbolde einfach reden lassen, bis es ihnen selber langweilig wird. Wir Teddymädchen machen das immer so, aber für Menschenjungs ist es anscheinend schwer. Jedenfalls war's das für Lenny. Er hat vor Wut gezittert, und für einen Moment hat er mir so das Bein gequetscht, an dem er mich festhielt, dass ich schon dachte, er will mich einem von den Witzbolden an den Kopf werfen. Aber dann ist er bloß losgerannt und hat sich kein einziges Mal nach seinen Kumpels umgedreht.

›He, halt!‹ – ›War doch nur Spaß!‹, haben sie ihm nachgerufen, aber er ist immer nur weitergerannt und bis zu sich nach Hause nicht mehr stehen geblieben. Da hat er in den Hosentaschen nach seinem Schlüssel gesucht, und als er ihn gerade gefunden hatte, hat ihm sein jüngerer Bruder aufgemacht. Jedenfalls denk ich mir, dass es sein jüngerer Bruder war, wenn er im selben Haus wohnt und dieselbe Mama hat. Nach der hat er nämlich, gleich als er Lenny von Kopf bis Fuß gemustert hatte, gerufen.

›Mama, guck mal!‹, hat er gerufen. ›Lenny kommt mit einem Teddy!‹

›Gleich!‹, hat die Mama zurückgerufen, und als sie kam, hatte sie solche dicken Topfhandschuhe an den Händen.

›Na, *der* ist ja süß!‹, hat sie gesagt, als sie mich gesehen hat.

Und der kleine Bruder hat auf meine Schnauze gezeigt und gesagt: ›Guck, Mama, dem hat er heute sein Pausenbrot zu essen gegeben! Das schmeißt er sonst nämlich immer in den Abfallkorb bei der Schulhaustreppe.‹«

Ich glaube, Lotti machte an der Stelle absichtlich eine Pause, damit ich lachen konnte. Jedenfalls *hab* ich gelacht, weil ich mir vorstellte, was der arme Lenny für ein Gesicht machte. Aber gleichzeitig tat er mir natürlich auch leid. Erst ärgerten ihn seine Kumpels und jetzt sein kleiner Bruder, der ihn auch noch bei seiner Mama verpetzte – dass Lotti ihm Glück brachte, konnte man wirklich nicht behaupten.

»Du musst über Lenny lachen, aber er tut dir auch leid, stimmt's?«, fragte Lotti, und ich nickte.

»Siehst du, und genauso ging's mir auch«, sagte Lotti. »Aber das Lachen ist mir schnell vergangen.«

Lotti machte wieder eine Pause, und ich fragte: »Wieso? Ist seine Mama sauer geworden?«

»Nein, die musste auch lachen, als Lenny immer finsterer zwischen mir und seinem kleinen Bruder hin und her guckte.«

»Und dann?«, fragte ich, als Lotti noch mal eine Pause machte.

»Dann ist Lenny wieder losgerannt, und diesmal so irre schnell und irgendwie im Zickzack, dass mir ganz schwindelig wurde«, sagte Lotti. »Erst dachte ich, er weiß nicht, wo er hinwill, aber dann hat er an jedem Straßenende kurz angehalten und vorsichtig um die Ecke gelinst. Da ist mir klar geworden, dass er wegen seinen Kumpels so komisch rennt. Damit er denen nicht begegnet. Und weißt du, wo wir am Ende angekommen sind?«

Das wusste ich natürlich nicht, aber Lotti hat meine Antwort auch nicht abgewartet.

»Auf dem Schulhof«, hat sie gesagt. »Und weißt du, was er da gemacht hat?«

Mir blieb fast das Herz stehen, denn das war ja klar.

»Er hat mich in den Abfallkorb zurückgesteckt«, erzählte Lotti genau das, was ich erwartet hatte.

»Aber …«

»Aber zum Glück hatte jemand eine leere Bonbontüte auf Lennys Pausenbrot geworfen, und in dem blöden Abfallkorb hat es wenigstens gut gerochen.«

»Aber …«

»Aber klar, schön war's trotzdem nicht.«

»Und …«

»Und lange hab ich auch nicht dringesteckt, jedenfalls nicht so lange wie nach der Schule.«

»Nicht?«

»Nein. Weil mich nämlich wieder jemand rausgezogen hat. – Und wer das war, erzähl ich dir morgen, mein kleines Schnabeltier.«

»Der Hausmeister, stimmt's?«, hab ich noch gefragt, aber Lotti machte keinen Mucks mehr, und kurz darauf kam sowieso Papa Gute Nacht sagen und das Licht ausknipsen. Bei uns lesen Mama und Papa immer abwechselnd die Gutenachtgeschichte vor, dann darf ich noch eine Weile das Licht brennen lassen, und der andere von den beiden kommt es später ausknipsen und Gute Nacht sagen.

Heute kam also Papa, und als er aus dem Zimmer war, hab ich Lotti in den Arm genommen und wir sind zusammen eingeschlafen.

Was Lotti am Montag erzählt

Von der tapferen kleinen Leila

Ehrlich: Am nächsten Morgen in der Schule nichts zu sagen war noch viel schwerer, als ich's mir vorgestellt hatte. Da waren ja außer Lina, zu der ich nichts sagen durfte, auch noch Lenny und sein kleiner Bruder.

In der Vierten gibt's zwar gleich zwei Lennys, aber nur Lenny Poneleit hat einen kleinen Bruder, also wusste ich, welcher der richtige war, und in der großen Pause hätte ich's sowieso gemerkt. Da hat er nämlich nicht weit vom Abfallkorb bei der Schulhaustreppe gestanden und bei jedem Biss in sein Pausenbrot ganz fürchterlich das Gesicht verzogen, aber trotzdem weitergegessen. Bestimmt war wieder Tomatenstreichkäse mit labberiger Salatgurke drauf, und sein kleiner Bruder, Larry heißt er und ist einer von den Erstklässlerpupsis, obwohl wir Zweitklässler eigentlich nicht Erstklässlerpupsis sagen sollen – also Larry hat dabeigestanden und gegrinst, bis Lenny so getan hat, als wollte

er ihm das angebissene dicke Streichkäsebrot an den Kopf werfen.

Da hat sich Larry schnell verzogen, und ich hab ihm nachgeschaut, und ausgerechnet da kam Lina an und wollte wissen, in welchen von den Poneleitbrüdern ich denn jetzt verknallt wäre, dass ich die zwei die ganze Zeit so anglotze.

»Ich bin doch nicht in einen Erstklässlerpupsi verknallt, spinnst du?«, hab ich geantwortet.

Und sie, als hätte sie mich erwischt: »Dann also in Lenny!«

Ihr einziges Glück war, dass es in dem Moment geklingelt hat, sonst hätte sie was erleben können. Oder vielleicht war's auch *mein* Glück, weil mir sonst vielleicht was Falsches rausge-

rutscht wäre. Dass jemand, der arme Kuscheltiere in Abfallkörbe steckt, sowieso das Letzte
ist oder so ähnlich. So hab ich Lina einfach nur
stehen lassen und bis zum Schulschluss, egal wie
sie sich angestrengt hat, nur noch das Allernö-
tigste mit ihr geredet.

Abends, als ich Lotti davon erzählt habe, war
ich immer noch sauer, und Lotti hat ganz ernst
geguckt und gefragt:

»Und? Stimmt's?«

»Was?«

»Dass du in Lenny verknallt bist?«

»NEIN!«, hab ich so laut protestiert, dass ich
schon Angst hatte, Mama oder Papa kommen
gleich nachschauen, was los ist. Aber sie hatten

anscheinend nichts gehört, und während ich noch auf Schritte gelauscht habe, hat Lotti losgekichert.

»Entschuldige!«, hat sie gegluckst. »War bloß ein kleiner Scherz.«

»Haha!«, hab ich gesagt, aber dann musste ich richtig lachen, weil ich mir plötzlich vorstellte, ich wäre wirklich in Lenny verknallt und wir gingen zum Beispiel Eis essen, und wenn sein Eisbecher käme, mit Waldbeeren zum Beispiel, würde ich Lotti aus dem Rucksack holen und ihn fragen, ob er ihr was abgibt, weil sie für ihr Leben gern Waldbeeren mag.

So hab ich's dann auch Lotti erzählt oder besser gesagt vorgejapst, und sie ist vor Lachen fast vom Kissen gepurzelt. Es hat eine ganze Weile gedauert, bis wir uns wieder einkriegten und Lotti ihre Geschichte weitererzählen konnte.

»So, geht wieder«, hat sie gesagt und noch mal kurz gegluckst, dann hat sie angefangen.

»Ich war also in dem Abfallkorb zurück, aber es hat wenigstens besser gerochen, und irgendwann hab ich gespürt, wie jemand vorsichtig nach meinen Beinen tastet. Dann wurde ich ganz langsam hochgehoben, und es war *nicht* der Hausmeister. Es war ein anderer Mann, so ein großer mit schwarzen Haaren und einem

schwarzen Bart, und als er mich gesehen hat, hat er den Kopf geschüttelt, als könnte er nicht glauben, dass jemand wie ich in einem Abfallkorb steckt. Dann hat er was gesagt, aber ich weiß leider nicht, was, weil es in einer Sprache war, die ich nicht verstehe. Es waren zwei Männer und eine Frau mit Eimern und Besen, aber gesprochen hat der Mann, der mich gefunden hat, nur mit der Frau. Was die genau geantwortet hat, weiß ich auch nicht, weil's in derselben fremden Sprache war.«

»Türkisch wahrscheinlich«, erklärte ich Lotti.

»Später am Nachmittag kommen immer Putzleute in die Schule, da sind welche dabei, die Türkisch sprechen.«

»Jedenfalls hat die Frau gelacht und genickt und mich dem Mann abgenommen, also hat er sie wahrscheinlich gefragt, ob sie mich haben will. Dann hat der Mann die Tür aufgeschlossen, und sie sind zusammen in die Schule reingegangen, und die Frau hat mir endlich den ekligen Streichkäse von der Schnauze abgewischt. Mit einem wunderbar weichen Taschentuch, und sie hat vorher auch nicht draufgespuckt. Das machen ja manche, wenn sie einem die Schnauze abwischen wollen, und wir Teddys finden es immer schrecklich.

Überhaupt war die Frau richtig nett und hat in den zwei Klassenzimmern, die sie sauber gemacht hat, immer erst ein schönes Plätzchen für mich ausgesucht. Im einen war's am Fenster, damit ich rausschauen kann, und im anderen war's vorne auf dem Lehrertisch, da konnte ich mich schön in dem Zimmer umsehen. Und weißt du, was ich da gemerkt habe?«

Erst dachte ich, Lotti fragt nur so, ohne auf eine Antwort zu warten, aber sie hat wirklich gewartet, und die Antwort war ja klar.

»Dass es *unser* Klassenzimmer war«, hab ich gesagt.

»Genau. Ich hab's an den Bildern gesehen, die ihr von uns Kuscheltieren gemalt und an die Wand geklebt hattet. Übrigens …«

Lotti machte eine Pause, als müsste sie kurz überlegen, und ich weiß noch, was mir in dem Moment durch den Kopf ging, nämlich wie schön einfach alles gewesen wäre, wenn die nette türkische Frau Lotti in unserem Klassenzimmer vergessen hätte. Dann hätte ich sie am nächsten Morgen gefunden und nicht noch fast eine Woche weinen müssen.

»… oder nein, lass!«, riss Lotti mich aus meinen Gedanken.

»Was soll ich lassen?«

»Ich wollte dich bitten, mein Bild woanders hinzukleben, damit es nicht ausgerechnet neben dem von Nikos Gorilla hängt, aber vergiss es! Er kann ja eigentlich nichts dafür, dass Niko den Pupsquatsch mit ihm macht. Vielleicht ist er in Wirklichkeit ein ganz Lieber.«

»Jetzt meinst du aber den Gorilla?«, hab ich mich vorsichtshalber erkundigt.

»Ja«, hat Lotti geantwortet. »Aber vielleicht ist Niko auch ganz anders, als man zuerst denkt. In Menschen kann man sich wahrscheinlich genauso täuschen wie in Kuscheltieren.«

Bei Niko konnte ich mir das nicht vorstellen, aber ich hab Lotti nicht widersprochen, weil ich ja auch wollte, dass sie weitererzählt.

»Wo war ich noch mal stehen geblieben?«, hat sie gefragt, aber dann ist es ihr selber eingefallen. »Ach ja, bei den Bildern im Klassenzimmer. Die hab ich also gesehen und gewusst, wo ich bin, aber dann hat mich die nette Frau auch schon genommen und ist mit mir durchs Schulhaus und dann über den Schulhof zu ihrem Auto gegangen. Die zwei Männer hab ich unterwegs noch die Eingangshalle durchwischen sehen, und sie haben uns was nachgerufen, wahrscheinlich Tschüs auf Türkisch, jedenfalls haben sie dabei gewinkt.

Im Auto durfte ich dann hinten im Kindersitz sitzen, darum war ich auch nicht überrascht, dass die Frau eine kleine Tochter hatte. Oder eigentlich hatte sie sogar zwei Töchter, eine kleinere und eine größere, aber der kleineren hat sie mich mitgebracht.

›Sieh mal, Leila, der kleine Teddy will heute Nacht bei dir schlafen!‹, hat sie gesagt, und ich dachte, ups, jetzt versteh ich sie ja plötzlich.

›Der ist süüüß!‹, hat die kleine Leila gerufen, und das hab ich auch verstanden.

Dann hat die Kleine mich gedrückt, dass ich fast ohnmächtig geworden wäre, und ihre große Schwester hat die Stirn gerunzelt und gefragt:

›Nur heute Nacht oder für immer?‹

›Für immer, für immer!‹, hat die kleine Leila gerufen, aber ihre Mama hat den Kopf geschüttelt und ihr über die Haare gestreichelt.

›Weißt du, Leila-Liebes, der steckte im Abfallkorb vor der Schule, in der wir immer sauber machen. Bestimmt gehört er jemand, der ihn schon schrecklich vermisst, und erst wollte ich ihn einfach irgendwo hinsetzen, wo man ihn gut sieht. Aber dann hab ich mir überlegt, dass es ja genau die Schule von deiner großen Schwester ist. Da dachte ich, sie kann ihn morgen früh wieder mitnehmen, und bestimmt freut er sich, wenn er über Nacht nicht ganz allein in dem leeren Schulhaus bleiben muss.‹

Die große Schwester hat die Stirn noch ein bisschen mehr gerunzelt, und im Nachhinein denke ich, sie hat geahnt, was jetzt kommt und dass das Ganze keine so richtig gute Idee von ihrer Mama war …«

Lotti war kurz still, und ich sagte: »Sie hat es gut gemeint, aber nicht daran gedacht, dass dich die kleine Leila vielleicht so gern hat, dass sie dich nicht mehr hergeben mag.«

»Stimmt genau«, hat Lotti geseufzt. »Und soll ich dir was verraten: Ich hab danach ja noch ein paar richtig wilde Sachen erlebt, aber das mit Leila hat mich trotzdem am meisten mitgenommen. Es war schlimm. Die kleine Leila hat den ganzen Abend kein Wort mehr gesagt und nur zwischendurch schnell ihren Papa gedrückt, als der nach Hause kam, aber dann gleich wieder mich, auch beim Essen, wo sie nur zwei mickrige Fleischbällchen nehmen wollte, obwohl die extralecker gerochen haben.

Später im Bett, als nach der Gutenachtgeschichte und den Gutenachtküsschen das Licht aus war, hat sie uns leise in den Schlaf geweint, und als ich morgens in ihren Armen aufgewacht bin, war ich pitschnass.«

An der Stelle kriegte Lotti eine kratzige Stimme und musste sich erst räuspern, bevor sie weiterreden konnte.

»Leilas große Schwester heißt Aische, kennst du sie?«, fragte sie mich nach dem Räuspern.

»Ja, die geht in die Dritte. – Und? *Hat* sie dich am nächsten Morgen mitgenommen?«

»Ja. Obwohl sie fast selber weinen musste, als die tapfere kleine Leila mich ihr mit ausgestreckten Armen und weggedrehtem Kopf hingehalten hat.«

Lottis Stimme war jetzt mehr knödelig als

kratzig, und ich musste auch erst schlucken, bevor ich wieder reden konnte.

»Und in der Schule, bei wem hat dich Aische da abgegeben?«

»Gar nicht.«

»Und warum nicht?«

»Weil sie mich in der Straßenbahn hat sitzen lassen.«

»NEIN!«, hab ich wieder viel zu laut gesagt, und diesmal hat es wirklich jemand gehört: Mama, die aber sowieso schon auf dem Weg in mein Zimmer war. Die Gutenachtgeschichte hatte an dem Tag Papa vorgelesen, aber was es für eine war, weiß ich wirklich nicht mehr.

»Hast du gerufen?«, fragte Mama, als sie hereinkam.

»Nein«, hab ich geantwortet, und das war ja auch nicht geflunkert.

»Dann gute Nacht, ihr zwei!«, hat Mama gesagt und erst mir und dann Lotti ein Küsschen gegeben.

Als Mama das Licht ausgeknipst hatte, hab ich Lotti in den Arm genommen und uns gemütlich die Decke über den Kopf gezogen.

»Aber Aische hat dich nicht absichtlich in der Straßenbahn sitzen lassen, stimmt's?«, hab ich

geflüstert, aber von Lotti kam nur noch Gemur-
mel.

»Morgn, mn klnes Schnbltr« sollte »Morgen,
mein kleines Schnabeltier« heißen, aber das
wusste ich nur, weil ich's mir denken konnte.

Was Lotti am Dienstag erzählt

Von Aische und zwei Pappnasen

Am nächsten Tag in der Schule war es dann schon leichter. Ich war zwar immer noch ein bisschen sauer auf Lina, aber nicht mehr die ganze Zeit. Einmal, als wir über Niko lachen mussten, weil er über seinen eigenen Rucksack gestolpert ist, war es sogar fast wieder so lustig wie früher. Niko war nämlich selber schuld, weil er den Rucksack immer zwischen den Sitzreihen auf den Boden schmeißt, obwohl's dafür extra Haken an den Tischen gibt. Die Lehrerin hat ihm schon wer weiß wie oft gesagt, dass da noch mal jemand drüberfällt, und das hatte er jetzt davon. Die ganze Klasse hat sich schlapp gelacht, bloß er selber fand's überhaupt nicht lustig, obwohl er so getan hat und uns in der großen Pause sogar weismachen wollte, er wäre absichtlich gestolpert, um uns alle reinzulegen. Da hat ihm Lina den Vogel gezeigt, und als wir uns abgeklatscht haben, war es noch mal fast so lustig wie früher.

Aische hab ich nur von Weitem zwischen ihren Freundinnen gesehen, und auch sonst war nichts Besonderes. Oder doch: Lenny und Larry hatten an dem Tag jeder ein extradick geschmiertes Streichkäsebrot dabei, und Larry hat beim Reinbeißen ganz genauso das Gesicht verzogen wie am Tag davor sein großer Bruder. Das Komische war nur, dass Lenny seins gefuttert hat, als hätte er noch nie was Besseres gegessen. Abends nach der Gutenachtgeschichte hab ich dann Lotti gefragt, ob *sie* sich vorstellen könne, wieso Lenny plötzlich Streichkäsebrot mochte, wo er's doch gestern noch gehasst hatte.

»Er hasst es wahrscheinlich immer noch«, hat Lotti mir erklärt. »Aber wenn er so tut, als ob's ihm schmeckt, kann er seinen kleinen Bruder ärgern, und das ist ihm wichtiger.«

»Meinst du wirklich?«, hab ich gefragt. »Denkst du, der ist so bekloppt und isst was, was er eklig findet, nur weil er damit seinen Bruder ärgern kann? Das würde ich nie im Leben machen.«

»Weil du eben nicht bekloppt bist«, sagte Lotti.

»Stimmt«, sagte ich. »Und jetzt erzähl!«

»Ich? Was denn?«, fragte Lotti, aber es sollte natürlich nur ein Scherz sein.

»Von bekloppten Jungs vielleicht?«, probierte ich auch einen Scherz.

Er ging bloß komplett daneben, weil Lotti es als Nächstes wirklich mit genau solchen Jungs zu tun bekommen hatte. Zwillinge waren das, die an der Endhaltestelle von der Straßenbahn ausgestiegen sind, in der Aische sie hatte sitzen lassen.

»Es war aber keine Absicht, und sie hat es sogar gut gemeint«, erzählte Lotti.

»Dass sie dich ganz allein in der Straßenbahn hat sitzen lassen?«, wunderte ich mich.

»Das natürlich nicht. Gut gemeint war, dass sie mich neben sich auf einen Fensterplatz gesetzt hat, mein kleines Schnabeltier«, sagte Lotti. »Das hat sie nämlich nur gemacht, weil ich so nass geweint war. Sie wollte, dass ich trockne, und in ihrem Rucksack wäre das ja schlecht gegangen. Sie hat sogar das Kippfensterchen über mir aufgekippt, damit ich ein bisschen Fahrtwind abbekomme, und nur deswegen ist dann auch alles so schiefgegangen …«

Lotti holte tief Luft, aber ich riss mich zusammen und quasselte nicht gleich wieder dazwischen.

»So eine ungemütliche Frau auf dem Sitz vor ihr war schuld«, erzählte Lotti weiter. »Die hat

Aische angegiftet, dass sie gefälligst das Fenster zumachen soll, weil es zieht.

›Aber da vorne merken Sie's doch gar nicht‹, hat Aische gesagt, was ja stimmte.

Aber die Frau ist trotzdem aufgesprungen und hat das Kippfensterchen schimpfend zugeknallt.

Aische hat sich vor Angst ganz klein gemacht und auch nichts mehr gesagt, aber das war der Frau anscheinend noch nicht genug. Sie hat sich über die Rückenlehne gebeugt und Aische wütend angefunkelt, aber genau als sie noch mal losschimpfen wollte, gab's den doppelten Ruck, wenn die Straßenbahn anhält, und die Frau wäre fast auf Aische draufgefallen. Da ist die Arme vor Schreck hochgesprungen und aus der Straßenbahn gerannt …«

»Und *dich* hat sie vergessen!«, rutschte mir jetzt doch was raus.

»Vor Schreck, ja«, sagte Lotti. »Ich glaube sogar, es war eine Haltestelle zu früh. Jedenfalls hat ein anderes Mädchen Aische nachgerufen, wo sie denn schon hinwill. Das Mädchen ist dann an der nächsten Haltestelle ausgestiegen und ein paar andere Kinder mit Schulrucksäcken auch.

Ich konnte ja nicht alles sehen, aber ich

glaube, danach waren bis zur Endhaltestelle nur noch die ungemütliche Frau vor mir in der Straßenbahn und dazu zwei große Jungs, Fünft- oder Sechstklässler vielleicht, die ich bis dahin gar nicht bemerkt hatte.

Die zwei müssen irgendwo ganz hinten gesessen haben und kamen erst angepoltert, als die Frau schon halb aufgestanden war. Da hat mich der eine von ihnen gesehen und so schnell gepackt, dass er sich noch vor seinem Bruder an der Frau vorbeidrängeln konnte. Die ist auf ihren Sitz zurückgeplumpst und hat natürlich wieder geschimpft, aber die Jungs haben nur gelacht und sind mit mir davongeflitzt. Dass es Zwillinge waren, wusste ich da noch gar nicht. Das hab ich erst gesehen, als sie stehen geblieben sind. Auf einem Schulhof war das, nur eben nicht auf eurem.«

»Und weißt du, was es für eine Schule war?«, fragte ich dazwischen.

»Nein«, sagte Lotti. »Von außen würde ich sie wiedererkennen, aber als die beiden reingegangen sind, steckte ich schon ganz verdreht in Nils' Rucksack. So hieß der Zwilling, der mich mitgenommen hatte. Der andere hieß Lars, und auf dem Schulhof haben sie sich erst mal um mich gefetzt.

Nils hat an meinem linken Arm gezerrt und Lars an meinem rechten. Das Dumme war, dass sie beide ganz genau gleich stark waren, und Lars hat mich auch nur losgelassen, weil plötzlich ein Lehrer angeradelt kam und er ihn als Erster gesehen hat. Von dem Lehrer weiß ich auch ihre Namen.

›Guten Morgen, Herr Schetula!‹, hat Lars gerufen.

›Morgen, Lars!‹, hat der Lehrer zurückgerufen. Und gleich danach: ›Morgen, Nils! – Ihr streitet euch doch nicht etwa wieder?‹

Dann hat er sein Fahrrad abgestellt, und in der Zeit hat Nils mich schnell in seinen Rucksack gestopft.

›Nein, wieso?‹, hat Lars den Lehrer gefragt.

›Wir streiten uns doch nicht‹, hat Nils genauso unschuldig getan.

Der Lehrer hat nichts mehr gesagt, aber vielleicht hat er die Augen verdreht oder so was. Jedenfalls haben die Jungs noch ›Wir streiten uns nie!‹ hinter ihm hergerufen, dann ging das Gefetze wieder von vorne los. Nur haben sie jetzt an Nils' Rucksack gezerrt und wenigstens nicht mehr an meinen Armen.

›Ich hab ihn zuerst gesehen!‹, hat Lars gebrüllt.

›Und warum hast du ihn dann nicht genommen?‹, hat Nils zurückgebrüllt.

›Weil du mich weggeschubst hast!‹

›Hab ich gar nicht!‹

›Hast du doch!‹

›Hab ich nicht!‹

›Hast du doch!‹

So ging das bis zum Klingeln, und in der großen Pause ging es weiter, bis ihre Lehrerin sie aus dem Klassenzimmer gescheucht hat. Auch nach der Schule haben sie sich noch gestritten, erst auf dem Weg zur Straßenbahn, dann in der Straßenbahn und zum Schluss noch mal ein Stück von der Haltestelle bis zu dem Haus, in dem sie wohnen. Erst als sie da die Treppe hochgetrampelt sind, war Ruhe, und ich dachte schon, sie wären das Streiten leid, aber es war nur wegen ihrer Mama. Die sollte wohl nichts merken, aber dann war's genau wie bei allen Mamas: Sie hat trotzdem was gemerkt. Die zwei Jungs standen kaum in der Wohnung, da hat sie schon gefragt:

›Ihr habt euch doch nicht wieder gestritten?‹

›Nein, wieso?‹, hat Nils zurückgefragt.

›Überhaupt nicht‹, hat Lars behauptet.

Aber ihrer Mama konnten sie nichts vormachen.

›Rucksäcke auf!‹, sagte sie, als könnte sie hell-

sehen, und vielleicht kann sie's ja wirklich. Von Teddymamas heißt es manchmal auch, dass sie's können. Aber egal, jedenfalls war den Jungs klar, dass Widerspruch keinen Zweck hatte, und Nils hat mich aus seinem Rucksack rausgeholt.

›Da‹, hat er gesagt. ›Den haben wir gefunden.‹

›*Ich*‹, hat Lars gesagt. ›*Er* hat mich nur weggeschubst und ihn sich geschnappt.‹

›Hab ich gar nicht!‹

›Hast du doch!‹

›Hab ich nicht!‹

›Hast du doch!‹

Die zwei hatten sie echt nicht mehr alle, aber ihre Mama hat mich nur genommen und mir über den Kopf gestreichelt und gesagt, ich sei aber mal ein hübscher Teddy, und bestimmt sei jetzt jemand ganz traurig, weil er mich vermisst ...«

An der Stelle hat Lotti mich angeschaut, und ich musste fast wieder weinen, obwohl sie ja da war.

»Aber weißt du, was die zwei behauptet haben?«, hat sie gefragt.

»Nein, was denn?«

»Dass ein Mädchen mich einfach weggeschmissen hätte, und *sie* hätten mich gerettet.«

»Nein!«

»Doch. Das Mädchen hätte mich in den kleinen Brunnen bei der Endhaltestelle der Straßenbahn geschmissen, und sie wären zufällig vorbeigekommen und hätten es gesehen.

Ihre Mama wollte es erst nicht glauben, aber dann haben sie gefragt, ob sie nicht gemerkt hätte, dass ich noch ein bisschen nass bin. Da hat sie mich abgetastet, und an ein paar Stellen war ich's wirklich noch, weil man zwischen Büchern und Heften in einem Rucksack eingeklemmt nun mal nicht so gut trocknet.

So kam's, dass die Mama den Flunkerheinis doch geglaubt hat. Die zwei sollten nur aufhören zu streiten, sonst würde sie mich dem Nachbarmädchen schenken.

›Teddys mögen nämlich keine Streithanseln‹, hat sie gesagt, und die zwei haben brav genickt.

Sie haben auch noch brav zu Mittag gegessen, aber hinterher, in ihrem Zimmer, ging's gleich wieder von vorne los, diesmal nur leise, damit es ihre Mama nicht hört. Das einzig Gute war, dass sie nicht mehr an mir herumgezerrt haben. Sie haben mich aufs Fensterbrett gesetzt, und ich weiß noch, wie ich nach einer Weile dachte: So, da sitzt du jetzt und kannst dir jeden Tag so einen Käse anhören, bis die zwei Pappnasen groß genug sind, dass sie sich statt über dich über Mädchen streiten. Dann bist du ihnen peinlich, und sie stecken dich in irgendeine Kiste und vergessen dich …«

Lotti regte das Ganze immer noch so auf, dass sie jetzt erst mal durchpusten musste, und ich wollte sie trösten und sagte: »Aber zum Glück ist es dann ja nicht so gekommen.«

»Nein«, hat sie geseufzt. »Aber auf den Rest der Geschichte mit den beiden hätte ich trotzdem verzichten können.«

»Weil sie wieder an dir rumgezerrt haben?«, hab ich gefragt.

»Nein, weil Lars plötzlich das Fenster aufgerissen und mich im hohen Bogen rausgepfeffert hat.«

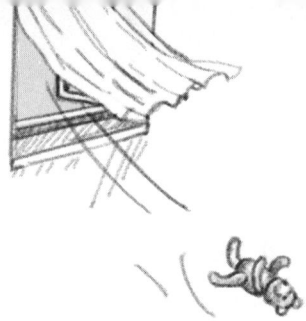

»WAS?«

Dass die Zwillinge nicht ganz bei Trost waren, wusste ich ja schon. Aber so was ging doch gar nicht! Und Lotti erzählte das auch noch so ruhig, als wäre es das Normalste von der Welt.

»Ich weiß nicht, ob es der zweite oder der dritte Stock war, von dem ich runtergesegelt bin«, erzählte sie genauso ruhig weiter. »Aber ich hatte wohl ein Schutzbärchen, wie wir Teddys sagen.«

»Und das hat dich aufgefangen?«

Wahrscheinlich hatte ich an dem Abend schon viel zu oft dazwischengequasselt, aber ich konnte einfach nicht anders.

»Nein, mein kleines Schnabeltier«, sagte Lotti. »Das hat dafür gesorgt, dass ich genau an der richtigen Stelle lande – und wo das war, erzähl ich dir morgen.«

»Nein, bitte, sag!«, hab ich gequengelt. »So kann ich doch nicht einschlafen!«

»Doch, kannsu, mn klnes Schnbltr«, hat Lotti gemurmelt, und sie hatte recht.

Kaum hatte uns Papa Gute Nacht gesagt und das Licht ausgeknipst, bin ich auch schon eingedöst. Ich weiß nur noch, was ich mir zuletzt überlegt habe, nämlich dass ich Lotti irgendwann mal fragen musste, woher sie sich so gut mit Menschenjungs auskennt.

Was Lotti am Mittwoch erzählt

Von der wilden Helene

Bei uns an der Schule gibt es auch Zwillinge, und es war komisch: Am nächsten Morgen musste ich mich zwingen, ihnen nicht die ganze große Pause lang hinterherzuschauen. Dabei sind sie ganz anders als die zwei, von denen Lotti erzählt hatte: nett und witzig und ehrlich überhaupt nicht bekloppt. Sie gehen zu Lenny in die Vierte, und alle in der Schule wissen, dass der eine immer was Grünes anhaben soll und der andere immer was Blaues, damit man sie auseinanderhalten kann. Oder vor allem die Lehrer. Alle wissen aber genauso, dass sie die Sachen manchmal vertauschen. Man weiß nur nicht, wann, und alle finden es witzig. Oder jedenfalls wir Schüler. Peter und Ole heißen die beiden, und damit das gleich klar ist: In die bin ich auch nicht verknallt!

Sonst war an dem Tag nichts Besonderes, außer dass wir aufschreiben sollten, was wir am liebsten essen, und ich »Pommes mit Mayonnäse« statt »Pommes mit Mayonnaise« geschrieben habe. Es hat mich richtig geärgert, aber Mama meinte beim Abendessen nur, das käme davon.

»Von was?«, hab ich gefragt.

Und sie: »Davon, dass man ungesunde Sachen hinschreibt.«

»Ich sollte ja nicht schreiben, was es zu Hause gibt«, hab ich gesagt, und Papa hat sich schlapp gelacht und gemeint, sonst hätte ich wahrscheinlich »Brokkoli« mit ck statt mit zwei k geschrieben.

»Sowieso schreib ich nur noch Mayo«, hab ich gesagt, und jetzt hat sich Mama auch schlapp gelacht.

Es war ein witziges Abendessen und so laut, dass Lotti mich später im Bett gefragt hat, was denn los war. Ich hab's ihr erklärt, aber weil Teddys nicht schreiben, brauchen sie auch keine Rechtschreibung, darum hat sie auch nicht verstanden, was es da zu lachen gab.

»Macht nichts«, hab ich gesagt. »Sei einfach froh, dass du dir das ai in Mayonnaise nicht merken musst, und erzähl, wo du gelandet bist, als Lars dich aus dem Fenster gepfeffert hat.«

»Auf einem Bollerwagen.«

»Autsch!«

»So schlimm war's gar nicht. Da gab's zwar alles Mögliche, woran man sich ordentlich hätte wehtun können, eine rostige Kuchenform und das Gestell von einem Regenschirm zum Beispiel. Oder einen alten Grillrost, kann ich mich erinnern. Aber ganz obenauf lag auch ein Stück von dem weichen Zeug, das in Matratzen drinsteckt …«

»Schaumstoff«, hab ich Lotti geholfen.

»Genau. Darauf bin ich gelandet und noch mal in die Luft geschleudert worden, aber zum Glück nicht mehr so hoch, und die zweite Landung war dann noch weicher als die erste. Zum Schluss hab ich auf dem Rücken gelegen und gesehen, dass es ein Mädchen war, das den Bollerwagen voller altem Krempel gezogen hat.

Das Seltsame war nur, dass es sich kein bisschen über mich zu wundern schien. Es hat sich nur über mich gebeugt, einmal kurz in den Himmel geschaut und dann losgequasselt:

›Sag jetzt nichts, ich rate, wo du herkommst! Vom Jupiter! Oder nein, du bist grün. Grün sind die Marsmännchen. Du kommst vom Mars, und ich bin Helene. Freut mich, endlich mal einen Außerirdischen kennenzulernen, auch wenn's bloß ein Teddy ist!‹

Ich bin ja schon mancher Quasselstrippe begegnet, dir zum Beispiel, aber so schnell wie Helene konnte noch keine sprechen.«

Hier machte Lotti eine Pause, als wollte sie sehen, ob ich gegen die Quasselstrippe protestiere, aber dazu war ich viel zu gespannt, wie es mit dieser Helene weiterging.

»Wenn ich ein besseres Gedächtnis hätte, wüsste ich jetzt, wie alle Planeten der Sonne heißen«, erzählte Lotti weiter. »Die hat Helene mir nämlich der Reihe nach aufgezählt, und später mal will sie die alle besuchen. Jetzt ginge das leider noch nicht, weil man dazu erst die richtigen großen Raumschiffe erfinden müsse, aber ein kleineres hätte sie schon so gut wie fertig, und dafür bräuchte sie auch die ganzen Sachen auf dem Bollerwagen.

Sie hatte sogar schon einen Namen für das kleine Raumschiff: *Helene Eins* soll es mal heißen, damit auch alle wissen, wer es gebaut hat. Allerdings sei das Raumschiff selbst gar nicht so sehr das Problem, hat sie mir erklärt, sondern der Antrieb, den sie aber auch schon erfunden hätte, nur eben auch in klein. Trotzdem hätte sie schon ausgerechnet, dass es ihr Raumschiff damit bis zum nächsten Planeten schaffen müsste, ohne unterwegs schlappzumachen. Da wäre man nämlich ganz schön verratzt und müsste für den Rest seiner Tage irgendwo schwerelos im Weltall herumfliegen.«

»Gruselig!«, hab ich gestöhnt, als Lotti wieder eine Pause machte.

»Das fand ich auch«, sagte sie. »Ich hab nur nicht verstanden, was schwerelos sein soll.«

»Ich glaube, hier auf der Erde sind wir bloß deshalb schwer, weil uns die Erde irgendwie anzieht …«

»So wie mich, als ich bei den Zwillingen aus dem Fenster gesegelt bin«, hat ausnahmsweise Lotti mir dazwischengequasselt.

»Genau, mein kleines Schnabelbärchen«, hab ich gesagt. »Und weil uns draußen im Weltall nichts mehr anzieht, sind wir schwerelos.«

»Spannend eigentlich«, fand Lotti.

»Aber ganz allein da draußen?«, hab ich gefragt, und sie hat auf ihre vorsichtige Weise den Kopf geschüttelt.

Die Geschichte mit Helene ging dann so weiter, dass sie und Lotti irgendwann bei ihr zu Hause ankamen und ihre Mama den vollen Bollerwagen überhaupt nicht witzig fand. Weil Helene nämlich jeden Tag solchen alten Krempel anschleppte.

»Sie hatten wirklich einen großen Garten«, erzählte Lotti. »Aber eine Ecke davon war ein einziges wildes Durcheinander aus allen möglichen rostigen Sachen, von denen man gar nicht mehr wusste, was sie mal gewesen waren. Ich hab ein altes Fahrrad ohne Räder, einen alten Gartenstuhl ohne Beine und jede Menge Grillroste und Regenschirmgestelle erkannt, aber alles andere war so verbogen und ineinander verkeilt, als hätte sich bei denen ein Riesenvogel ein Nest aus Schrott gebaut.

›Heute ist es nur ganz wenig‹, hat Helene behauptet, aber ihre Mama hat ja gesehen, dass der Bollerwagen voll war. Und weil ich obendrauf lag, hat sie mich natürlich auch entdeckt.

›Und wo ist der Teddy her?‹, hat sie gefragt.

›Vom Mars‹, hat Helene geantwortet. ›Siehst du nicht, dass er grün ist?‹

Da hat ihre Mama nur noch geseufzt und ist ins Haus gegangen.

›So‹, hat Helene zu mir gesagt. ›Und jetzt müssen wir uns beeilen, dann bist du mit ein bisschen Glück zum Abendessen wieder zu Hause. Das heißt, wenn es auf dem Mars zur selben Zeit Abend ist wie hier. Das müsste ich erst ausrechnen, aber eigentlich ist es auch egal. Hauptsache, zu Hause, oder?‹

Mit diesen Worten hat sie mich in das Stück Schaumstoff gewickelt und in einen kleinen Schuppen gleich neben dem großen Schrotthaufen getragen. Dort hat sie mich wieder ausgewickelt, mich auf das Stück Schaumstoff draufgesetzt und mit einem dicken Filzer einen Kreis um mich herum gemalt.

›Schließlich sollst du's unterwegs schön weich haben‹, hat sie gesagt, und da ist mir aufgegangen, was sie vorhatte: Sie wollte mich in ihrem kleinen Raumschiff auf den Mars schießen.

Im selben Moment hab ich das Ding auch schon gesehen: Ursprünglich war es so ein altmodischer runder Vogelkäfig gewesen, aber sie hatte ihn von innen mit silberner Folie ausgekleidet und nur an einer Stelle ein Fensterchen ausgespart. Als Scheibe hatte sie rosa Transparentpapier genommen, und außen an dem

Raumschiff klebte ein Schild, auf dem was in schwarzer Farbe stand. Ich nehme an, es war der Name …«

»*Helene Eins*«, hab ich an der Stelle gestöhnt, und Lotti hat vorsichtig genickt.

»Helene hat das runde Stück Schaumstoff mit der Schere ausgeschnitten und es durch die frühere Käfigtür ins Raumschiff gelegt, und als sie mich auch durch die Tür bugsieren wollte, dachte ich schon, ich hätte noch mal Glück gehabt, weil die Öffnung viel zu klein war.

Helene wusste nur leider, dass Vogelkäfige fürs Putzen einen abnehmbaren Boden haben, und als sie den losgemacht hatte, wusste ich, dass es für mich keine Rettung mehr gab. Sie hat mich auf das Stück Schaumstoff gesetzt und das Oberteil vom Raumschiff so über mich drübergestülpt, dass ich mit einem Auge nach schräg oben aus dem rosa Fensterchen schauen konnte.

›So‹, hab ich sie sagen hören. ›Genügend Platz und gute Sicht hast du, anschnallen müssen wir dich nicht, weil es da drin so eng ist, dass du sowieso nicht durch die Gegend fliegst – sonst noch was, was wir vergessen haben? Nein!‹

Das Nächste, was ich danach gehört habe, war das Knarren der Schuppentür, dann hat sich der Käfig auch schon bewegt. Oder meinetwegen

das Raumschiff. Und gleich darauf konnte ich mit dem einen Auge wieder den Garten sehen, nur eben ganz in Rosa. Mitten in dem Garten war eine kleine rosa Wiese, und mitten in der kleinen rosa Wiese stand eine rosa Wippe. Zu der hat Helene das Raumschiff hingetragen und es auf den Sitz gestellt, der gerade unten war.

›So‹, hab ich sie sagen hören. ›Das hätten wir auch.‹

Dann ist sie verschwunden.«

Zuletzt hatte Lotti immer leiser gesprochen, und jetzt war sie einen Moment still, als müsste sie erst überlegen, wie sie weitermachen sollte. Ich war auch still, weil ich so eine Ahnung hatte, was jetzt kam, es mir aber lieber nicht vorstellen wollte.

»Sie hatte das Raumschiff so hingestellt, dass ich das andere Ende der Wippe sehen konnte«, erzählte Lotti weiter. »Und den Schuppen. Und Helene, wie sie mit einer Stehleiter aus der Tür kam.«

Lotti redete immer noch leise, und ich wusste jetzt, dass ich mit meiner Ahnung richtiglag. Diese Helene war aber auch echt eine wilde Hilde.

»Die Stehleiter hat sie auf die andere Seite der Wippe gestellt, und dann ist sie raufgestiegen. Bis ganz nach oben, wo sie sich nicht mal mehr festhalten konnte. Dort hat sie die Arme ausgebreitet – und genau da sollte sie zum Abendessen kommen.

›Helene, kommst du?‹, hat ihre Mama gerufen.

›Gleich!‹, hat sie zurückgerufen, aber dann hat sie von zehn rückwärts gezählt.

›Zehn, neun, acht, sieben, sechs, fünf, vier, drei, zwei, eins, GO!‹

Bei ›GO!‹ ist sie gesprungen. Von ganz oben auf der Stehleiter genau auf den oberen Wippensitz.«

Zuletzt hatte Lotti nur noch geflüstert, und

ich konnte verstehen, warum. In einem alten Vogelkäfig in die Luft katapultiert zu werden stellte ich mir schon schrecklich genug vor. Aber irgendwo musste das Ding ja auch landen …

»Die Landung war eigentlich nicht das Schlimmste«, sagte Lotti, als könnte sie meine Gedanken lesen. »Das Schlimmste war der Flug, weil ich ja nicht wusste, wie weit der ging. Und vor allem, wie hoch! Durch das Fensterchen hab ich ja nur ein Stück rosa Himmel und rosa Wolken gesehen. Keine Ahnung, wie es ist, wenn man durchs Weltall fliegt, aber so ungefähr stell ich's mir vor. Irgendwann hab ich auch gar nicht mehr gemerkt, ob es nach unten oder nach oben geht. Manchmal träum ich noch von dem Flug,

dann kommt mir alles ganz leicht und schön vor, aber so mittendrin …«

Lotti flüsterte wieder, aber dann räusperte sie sich und sagte mit fester Stimme:

»So mittendrin hat mir ganz schön der Pelz geflattert, wie wir Teddys sagen. Und natürlich hab ich mir überlegt, wie es wäre, wenn ich wirklich auf dem Mars landen würde. Was, wenn sie dort nur Kuschelmonster mochten und Teddys doof fanden?«

»Aber dann bist du ja zum Glück nicht auf dem Mars gelandet, oder?«, ist es mir an der Stelle rausgerutscht.

»Nein, mein kleines Schnabeltier«, sagte Lotti. »Und wo ich stattdessen gelandet bin, erzähl ich dir morgen.«

Ich hab's kaum ausgehalten, dass sie ausgerechnet an der spannendsten Stelle aufhört,
aber inzwischen wusste ich ja, dass Quengeln
keinen Zweck hatte, also hab ich Ruhe gegeben
und nur noch gewartet, bis Mama uns Gute
Nacht sagen kam.

Danach hab ich meine tapfere Astronautin in
den Arm genommen, und wir sind zusammen
eingeschlafen.

Was Lotti am Donnerstag erzählt

Vom süßen Robert

Am nächsten Tag in der Schule hatte ich Glück. Wir sollten nämlich noch andere Essenssachen an die Tafel schreiben, und ich kam ausgerechnet bei Brokkoli dran. Die ganze Klasse war begeistert, dass ich das mit den zwei k wusste, und sogar Niko hat beide Daumen nach oben gestreckt. Da hab ich zum ersten Mal gedacht, dass Lotti vielleicht recht hatte und er womöglich doch ganz nett war. Er hatte dann nur das Pech, dass ihn die Lehrerin als Nächstes an die Tafel schickte und er »Avocado« schreiben sollte. Da hat er mir richtig leidgetan, weil ihm gleich zwei Fehler passiert sind, beim v und beim c, aber das ist auch wirklich ein schweres Wort.

Sonst war nichts Besonderes, außer dass Lina natürlich wissen wollte, was zwischen Niko und mir läuft, dass er bloß wegen richtig geschriebenem Brokkoli beide Daumen in die Höhe streckt. Erst wollte ich sie fragen, ob sie noch ganz dicht ist, aber dann hab ich's mir anders überlegt und »Na, was wohl?« gesagt, damit sie was hat, worüber sie sich für den Rest des Tages den Kopf zerbrechen kann.

Abends im Bett hab ich dann Lotti gefragt, ob es auch Teddymädchen gibt, die dauernd nur aufpassen, wer sich in wen verknallt.

»Warum fragst du?«, hat sie zurückgefragt, und ich hab ihr das mit Niko und mit Linas blöder Frage erzählt.

»Solche Quatschtüten gibt's bei uns Teddys genauso«, hat sie geantwortet.

»Und du? Gehörst du auch dazu?«, hab ich sie gefragt.

Und sie: »Spinnst du?«

»Bloß ein kleiner Scherz«, hab ich gesagt.

Und sie nach einer kleinen Pause: »Aber interessant ist das mit Niko schon.«

»Spinnst du?«, hab ich sie angefahren.

Und sie wieder: »Auch bloß ein kleiner Scherz.«

Aber da war was in ihrer Stimme, aus dem ich nicht richtig schlau wurde. Dachte sie etwa, da wäre wirklich was mit Niko? Ich hätte natürlich fragen können, aber ich fand, es reichte jetzt. Sollten doch alle denken, was sie wollten – *ich* musste ja wohl am besten wissen, ob ich in jemanden verknallt war oder nicht. Und über-

haupt wollte ich lieber Lottis Geschichte wei-
terhören.

»Witzig!«, sagte ich. »Und jetzt erzähl mir, wo
du mit Helenes Raumschiff gelandet bist! Jungs
langweilen mich nämlich zu Tode.«

»Glaub ich nicht«, sagte Lotti. »Den, der mich
aus dem Raumschiff gerettet hat, hättest du bestimmt auch nicht langweilig gefunden. Der
war nämlich richtig süß.«

»Also bist du doch auf einem anderen Planeten gelandet«, sagte ich, und Lotti musste lachen
und meinte, wenn sie Daumen hätte, würde sie
die jetzt auch in die Höhe strecken, weil das mal
ein richtig guter Scherz gewesen sei.

»Obwohl ich natürlich *nicht* auf einem anderen Planeten gelandet bin«, sagte sie.

Und ich: »Sondern?«

»Auf einem Baum«, sagte Lotti. »Mitten im
Flug hat's erst geraschelt, dann gerumpelt, und
zum Schluss gab's einen ordentlichen Rums.
Da ist das Raumschiff in einer Astgabel hängen
geblieben, und wahrscheinlich war das noch
Glück, denn unten auf dem Boden wäre es bestimmt härter aufgeschlagen. Der Baum war
nämlich ganz schön hoch, das konnte ich gut
sehen, weil das Raumschiff mit der Spitze nach
unten hing.«

»Aber dann hast *du* ja …«, fiel ich Lotti ins Wort.

»… mit dem Kopf nach unten gehangen«, fiel Lotti gleich wieder mir ins Wort. »Richtig, mein kleines Schnabeltier. Und so, mit dem Kopf nach unten, hab ich auch die Nacht verbracht. Die kam nämlich bald, und anscheinend war das Raumschiff weit genug von Helenes Garten weggeflogen, dass sie es nicht mehr gesehen hat. Sowieso hatte sie ja ausgerechnet, dass es bis zum Mars fliegt, also wird sie sich nur gefreut haben, dass es so davongerauscht ist.

Aber soll ich dir was sagen: So schlecht ging's mir da oben gar nicht. Gut, mit dem Kopf nach unten zu hängen ist auch für uns Teddys nicht bequem. Aber dafür hatte ich einen schönen Blick auf einen rosa Weg durch einen rosa Park mit einer rosa Bank, auf der ein rosa angezogenes Mädchen einem rosa angezogenen Jungen einen Kuss gegeben hat, und später, als die Nacht kam, wurde sie nicht erst grau und dann finster wie sonst immer, sondern erst dunkelrosa und dann schwarz mit einem rosa Schimmer. Obwohl ich das alles nur mit einem Auge sehen konnte, war es so schön, dass es mir fast leidgetan hat, dass ich am Ende doch noch eingeschlafen bin.

Geweckt haben mich dann große dunkelrosa Vögel, die schreiend und schimpfend um das Raumschiff herumflogen, weil es sie anscheinend gestört hat ...«

»Krähen«, erklärte ich Lotti, weil sie es offenbar nicht wusste. »Der Park kann nur der Stadtpark gewesen sein, und die Krähen dort verjagen alle von den Bäumen, die nicht selber Krähen sind. Sogar größere und stärkere Raubvögel nerven die so lange, bis sie verschwinden.«

»Nerven ist genau das richtige Wort«, sagte Lotti. »Die waren lauter als die Hunde, die zu ihnen hochgebellt haben. Auf einmal waren in dem Park nämlich alle möglichen Leute mit Hunden unterwegs ...«

»Gassigeher«, erklärte ich Lotti.

»Ich weiß, dass man Menschen, die mit ihren Hunden rausgehen, so nennt«, sagte Lotti, und ich nahm mir vor, mich erst mal wieder zurückzuhalten.

»Die haben natürlich auch hochgeschaut und sich gewundert, was in dem Baum los ist«, erzählte Lotti weiter. »Immer mehr Hunde haben zu den Vögeln hochgebellt, und immer mehr Menschen haben sich um die Hunde versammelt und sich gewundert, aber niemand hat was gemacht.

›Sieht aus wie ein silbernes Vogelhäuschen‹, hab ich jemanden sagen hören, als die Vögel und Hunde mal kurz nicht so laut waren.

›Nur dass es auf dem Kopf steht‹, hat jemand anders geantwortet.

Dann haben sie ihre Hunde weitergezogen, und nach und nach haben das alle gemacht, bis irgendwann nur noch Leute ohne Hunde kamen. Erst welche, die im Park spazieren gingen, dann welche, die sich auf die Bank gesetzt und Zeitung gelesen haben, und als die weg waren, tauchten welche auf, die anscheinend in dem Park zu Mittag essen. Die Vögel hatten sich da längst mit dem Raumschiff abgefunden, weil ihr Schimpfen ja auch nichts genützt hat. Dafür stritten sie sich jetzt um die Reste, die manche von den Mittagessern statt in den Abfallkorb neben der Bank einfach auf die Erde geschmissen hatten.

Das alles hab ich von oben gesehen, aber meinst du, es wäre mal einer zu dem Baum gegangen und hätte zu mir hochgeschaut? – Nein. Oder jedenfalls noch ewig lange nicht. Ich dachte ehrlich, ich bleib für immer da oben hängen und seh mir die Welt in Rosa an. Es war schon fast wieder Abend, als endlich doch jemand zu dem Baum kam. Das war Robert …«

Als sie den Namen sagte, wurde Lottis Stimme so weich, dass ich mich zu fragen traute:

»Der Süße?«

»Der Süße, ja«, sagte Lotti noch ein bisschen weicher. »Ich seh ihn noch genau vor mir mit seinem Grübchen am Kinn und den tollen roten Locken ...«

»Du meinst, die Locken, die für dich rot *ausgesehen* haben«, sagte ich, weil Lotti, statt weiterzuerzählen, nur still vor sich hin geschmachtet hat.

»Das dachte ich auch erst, aber dann kam er hochgeklettert und hat mich befreit«, sagte sie verträumt. »Wahnsinnig mutig war das von ihm, auf den hohen Baum zu klettern und freihändig den Boden von dem festgeklemmten Vogelkäfig abzumachen.

›Ein Teddybär in einem Raumschiff – wow!‹, hat er gerufen, als er mich draußen hatte, und da hab ich's gesehen.«

»*Was* gesehen?«, hab ich gefragt.

»Dass seine Locken immer noch rot waren. Seine rosa Jeans war blau, sein rot-rosa geringelter Pulli war blau-weiß, aber seine Locken waren noch genau dieselben.«

»Und dann?«

»Dann hat eine raue Männerstimme ›Rooobert!‹ gerufen.«

»Sein Papa, stimmt's?«, hab ich gefragt.

Und Lotti: »Logisch sein Papa. Er hat Robert zum Abendessen gerufen, und ich durfte mit. Frag mich nur nicht, wie wir von dem Baum runtergekommen sind! Robert hat mich fürs Klettern unter seinen Pulli geschoben, und ich konnte zum Glück nichts sehen. Ich weiß nur, dass es rasend schnell ging und er unten erst noch ein Stück gerannt ist, bevor er mich wieder unter dem Pulli vorgezogen hat.

Da war dann ein Gartenzaun, und dahinter stand Roberts Papa. Sie wohnen nämlich direkt am Park in einem tollen Haus, und sein Papa war viel netter, als ich von der Stimme her gedacht hätte.

›Bringst du Besuch mit?‹, hat er gefragt, als er mich gesehen hat.

›Direkt aus dem Weltall‹, hat Robert geantwortet.

›Aber nicht verwandt mit dem Monster, das manchmal unter deinem Bett schläft?‹, hat sein Papa gefragt.

›Monster kommen nicht aus dem Weltall, sondern aus dem Monsterland‹, hat Robert ihm erklärt.

Und sein Papa: ›Entschuldige, das war mir entfallen!‹

›Aber das macht doch nichts‹, hat Robert gesagt, und so nett und höflich gingen sie in der Familie alle miteinander um.

Eine richtig tolle Familie war das, auch Roberts Mama und seine kleine Schwester. Wilma hieß sie und hatte genau solche roten Locken wie ihr Bruder. Die Kleine war auch ganz begeistert, als sie mich gesehen hat, und ihre Mama genauso.

›Wie schön, du hast jemand mitgebracht!‹, hat sie zu Robert gesagt.

Und Robert, genau wie zu seinem Papa: ›Direkt aus dem Weltall.‹

›Vom selben Planeten, wo auch die intelligenten Riesenspinnen leben, die mal in unserem Geräteschuppen gelandet sind?‹, hat seine Mama sich erkundigt.

›Oh, Mama!‹, hat Wilma da gestöhnt. ›Siehst du nicht, dass es ein ganz normaler Teddy ist?‹

Und Robert: ›Oder jedenfalls keine Riesenspinne.‹

›Dann erzählst du uns gleich nach dem Abendessen, wie ein Teddy aus dem Weltall hierherkommt, ja?‹

Das Abendessen war dann übrigens Wunschpizza für alle, die heißt bei ihnen so, weil jeder sich wünschen darf, was er drauf haben will.«

An der Stelle machte Lotti eine Pause, und das war auch gut so, denn lange hätte ich mir das Gesülze nicht mehr anhören können.

»Toll«, hab ich gesagt.

Und Lotti verträumt: »Ja, oder?«

Da wäre mir fast rausgerutscht, dass sie ja bei ihrem süßen Robert hätte bleiben können, wenn es ihr bei ihm so gut gefallen hatte. Aber ich hab's mir verkniffen und sie nur gefragt, ob ihr, außer dass dort alles ganz toll war, nichts aufgefallen ist.

»Was soll mir denn aufgefallen sein?«, hat sie zurückgefragt.

»Dass die doch wohl alle nicht ganz dicht waren«, hab ich geantwortet. »Oder findest du's vielleicht normal, wie sie über Monster unterm Bett und intelligente Riesenspinnen im Geräteschuppen geredet haben?«

Da war Lotti erst mal still. Und ich auch, weil ich fand, dass *sie* an der Reihe war. Schließlich hatte ich ihr eine Frage gestellt.

Von da an haben wir beide geschwiegen, bis ich schon Papas Schritte auf der Treppe hörte. Da sagte Lotti leise:

»Nur damit du's weißt: Bei Robert war's toll, aber am schönsten auf der ganzen Welt ist es hier bei dir!«

Das war das Vorletzte, was ich an dem Abend von ihr hörte. Das Letzte war, dass ich bitte ins Kopfkissen weinen soll und nicht ihr auf den Kopf. Das hab ich dann auch gemacht, bis ich eingeschlafen bin

Ich weiß noch, vom Kirchturm im Dorf schlug es gerade zwölf.

Was Lotti am Freitag erzählt

Noch mal von Robert, den sie
nur nicht mehr süß nennen soll

Am nächsten Morgen hab ich mich gleich bei Lotti entschuldigt, dass ich abends so blöd eifersüchtig gewesen war.

»Aber das macht doch nichts«, hat sie geantwortet, und schon war die blöde Eifersucht zurück, weil ich mich daran erinnerte, dass es genau dasselbe war, was Robert zu seinem Papa gesagt hatte.

Hinterher fand ich mich dann wieder unmöglich, und so ging es den ganzen Tag. Mal hab ich die Eifersucht vergessen, dann war sie mit einem Schlag wieder da, einmal zum Beispiel, als Lina in der großen Pause auf Niko zeigte und sagte:

»Wenn er nicht mit seinem Gorilla rumspinnt, ist er eigentlich ganz süß.«

Da war's nur wegen dem Wörtchen süß, weil ich natürlich gleich wieder an Robert denken musste, und Lina dachte wahrscheinlich endgültig, dass ich in Niko verknallt bin, weil ich wütend mit den Füßen aufgestampft und »Jetzt halt doch endlich mal den Mund!« geschrien habe. Dabei hatte sie vorher noch gar nichts zu mir gesagt, weil sie überhaupt erst in der großen Pause gekommen war. Vorher war sie beim Zahnarzt gewesen, und sie hatte sogar noch eine dicke Backe. Ich hab mich dann auch gleich bei ihr entschuldigt.

»Tut mir leid, ich bin, glaub ich, mit dem falschen Fuß aufgestanden«, hab ich gesagt.

Und sie mit der dicken Backe: »Aber das macht doch nichts.«

Da war's schon wieder passiert, und mir kam die blödeste Idee meines Lebens, nämlich dass

wir hoffentlich richtig fiese Hausaufgaben auf-
kriegten, damit ich nachmittags gar keine Zeit
hatte, eifersüchtig zu sein. Zum Glück passierte
das nicht, aber so ein Tag war das, und ich hatte
auch keine Lust, mit jemandem zu reden. Erst
Lotti hab ich abends alles erzählt, und das
Schöne war, dass sie mich verstanden hat.

»Ich sag auch nie wieder, dass Robert süß
war«, hat sie mir versprochen, und ich hab mich
bedankt und sie beruhigt, dass es nicht schlimm
ist, wenn es ihr mal rausrutscht, und nur auf die
Dauer nervt.

Dann hat sie erzählt, wie es an dem Abend,
als Robert sie mit nach Hause genommen hatte,
weiterging.

»Nach dem Abendessen sollte er den anderen in der Familie ja erklären, wo ich überhaupt
herkam. So hatte es sich seine Mama gewünscht,
und damit hat er angefangen …«

»Ich bin gespannt«, hab ich dazwischengequasselt, aber das war an dem Abend ehrlich das
einzige Mal.

»Was glaubst du, wie gespannt *ich* erst war!«,
sagte Lotti. »Ich meine, als Teddy steht man
schließlich nicht so oft im Mittelpunkt, und Robert hat mich sogar noch auf den Tisch gesetzt.
Du kennst das ja: Wir Teddys müssen sonst eher

auf einem freien Stuhl sitzen und können noch froh sein, wenn man uns ein oder zwei Sofakissen unterlegt, damit wir nicht die ganze Zeit nur Beine und Füße sehen. Jetzt hatte ich den besten Platz überhaupt und gute Sicht auf alle. Und sie natürlich auf mich.

Roberts Mama, sein Papa, die kleine Wilma – alle haben sie mich von Kopf bis Fuß gemustert und gewartet, dass Robert was sagt. Aber er hat sich Zeit gelassen. Und was dann kam, klang erst vollkommen harmlos.

›Sieht aus wie ein ziemlich normaler Teddy, stimmt's?‹

›Ja‹, sagten die anderen.

›Oder fällt euch was auf?‹

›Nein‹, sagten die anderen.

Und jetzt funkelte es in Roberts Augen, und seine Haare leuchteten noch ein bisschen röter als sonst.

›Weil euch an ihm nichts auffallen *soll*, darum!‹, hat er ausgerufen. ›Und das bedeutet, diejenigen, die ihn zu uns auf die Erde geschickt haben, wussten haargenau, wie unsere Teddys aussehen. Nur darum konnten sie den hier so unglaublich gut nachbauen, dass die meisten von uns gar nichts merken. Danach brauchten sie den Doppelgänger eines Erdenteddys nur

noch in ein Raumschiff zu stecken und auf die
Reise hierherzuschicken. Das Raumschiff war
nämlich so konstruiert, dass spätestens beim
Aufprall auf die Erde der Boden herausbricht

und der falsche Teddy irgendwo in die Gegend fliegt, wo ihn jemand findet, der gar nicht auf die Idee kommt, dass es sich um einen Spion von einem anderen Planeten handelt.‹

›Um einen Spion?‹, haben sich da alle erschrocken, und Robert hat gelächelt.

›Sein Pech war nur, dass sein Raumschiff auf einem Baum gelandet ist und der Boden so verklemmt war, dass er eben *nicht* in die Gegend fliegen konnte, sondern warten musste, bis jemand kommt und ihn befreit.‹

›Der Baum war aber nicht derselbe, auf dem manchmal Flugsaurier auf dem Weg ins Saurierland rasten?‹, hat Roberts Papa vorsichtig gefragt.

›Natürlich *nicht*‹, hat Robert geantwortet. ›Es war der Baum daneben, und das Raumschiff hab ich erst mal dort hängen lassen. Es ist so in eine Astgabel verkeilt, dass ich's ohne Werkzeug gar nicht loskriege.‹

›Und von wo im Weltall stammt der Spion jetzt?‹, wollte Roberts Mama wissen.

›Vom Planet der Bären natürlich‹, hat Robert geantwortet.

›Der ist gleich neben dem Planet der Affen, stimmt's?‹, hat sein Papa sich erkundigt.

›Fast‹, hat Robert ihm erklärt. ›Dazwischen liegt noch der Planet der Elche.‹«

An der Stelle musste Lotti so lachen, dass ich mir schon überlegte, ob sie sich das alles nur ausgedacht hatte, weil die Geschichte mit Robert in Wirklichkeit viel schmalziger war und sie's bloß nicht zugeben wollte. So war's aber gar nicht. Lotti findet Elche nur so lustig, weil sie mal einen kannte, der immer nach vorne auf seine dicken Lippen kippte, weil seine Schaufeln so schwer waren. So hat sie's mir hinterher erklärt und sich für den Lachanfall entschuldigt.

»Tut mir leid!«, hat sie gesagt. »Es gibt von dem Abend aber auch nicht mehr viel zu erzählen, außer dass Robert das Raumschiff erst mal nicht vom Baum holen, sondern nur im Auge behalten wollte, falls von dem Bärenplaneten jemand nachschauen kam, warum der Spion nicht die verabredeten Signale sendete …«

An der Stelle machte Lotti eine Pause, als müsste sie kurz nachdenken, dann sagte sie:

»Ach ja, und mich hat er Wilma geschenkt, weil er angeblich keinen Spion im Zimmer haben wollte.«

Ehrlich: Mit allem hatte ich gerechnet, aber damit nicht. Das musste Lotti doch schrecklich gekränkt haben, dass ihr süßer Robert sie einfach wegschenkte!

»Ja, a-aber ...«, hab ich gestottert.

»Du meinst, ob ich da nicht schrecklich traurig war?«, hat Lotti gefragt.

»Äh ... ja.«

»Natürlich war ich schrecklich traurig. Aber wenn ich dir das erzähle, wirst du wieder eifersüchtig, also lass ich's lieber.«

Da war natürlich was dran, und ich wollte sie schon knuddeln und ihr versprechen, dass ich ganz bestimmt nie wieder eifersüchtig werde, aber sie war schneller.

»Außerdem war er schon ein kleiner Spinner«, hat sie geseufzt.

Danach haben wir beide gewartet, ob die andere noch was sagt, und am Ende war's ich, weil ich wissen wollte, ob Wilma das Geschenk auch angenommen hat.

»Sie wollte es sich überlegen, weil sie schon einen Teddy hatte und sich angeblich nicht sicher war, ob ich mich mit dem vertrage«, erzählte Lotti. »Ich vermute, in Wirklichkeit war ich ihr nach Roberts Geschichte ein bisschen unheimlich. Jedenfalls musste ich dann im Wohnzimmer auf dem Sofa übernachten und mir einen gruseligen Film über Vampire anschauen.«

»Da waren Robert und Wilma aber schon im Bett?«, hab ich gefragt.

»Trotzdem«, hat Lotti geantwortet. »So nette Eltern und schauen so gruselige Sachen! Da brauchen sie sich nicht zu wundern, wenn ihr Robert so eine gruselige Fantasie hat. Ich meine, *ich* und eine Spionin vom Planet der Bären – geht's noch?«

Da haben wir zusammen gelacht, bis Mama kam und uns Gutenachtküsschen gegeben hat.

Es war alles gut, und ich hab Lotti nur noch ins Ohr geflüstert, dass die Geschichte hoffentlich nicht so gruselig weitergeht.

»Keine Angs, klns Schnbltr!«, hat Lotti gemurmelt, dann war es still.

Was Lotti am Samstag erzählt

Von der schlauen Wilma und einem nicht
ganz so schlauen kleinen Bruder

Samstags ist ja keine Schule, und ich war mit
Mama und Papa mit den Fahrrädern im Wald.
Es gibt da auch einen kleinen See, in dem man
baden kann, und hinterher wollten wir ein kleines Picknick machen. Lotti war leider nicht dabei. Ich hatte sie gleich nach dem Aufwachen
gefragt, ob sie mitkommen will, war aber astrein
abgeblitzt. Wenn sie von was für eine Weile genug hätte, dann vom Fahrradfahren im Wald.
Ich hatte mich zwar ein bisschen gewundert,
weil wir solche Ausflüge gar nicht so oft machen, sie aber in Ruhe gelassen. Wenn sie ihren
zickigen Tag hat, ist das ihre Sache, hab ich mir
gedacht und sie zu den anderen Kuscheltieren
ins Regal gesetzt.

Abends hab ich dann erfahren, was es mit der
Zickerei auf sich hatte, aber erst mal hab ich den
tollen Tag genossen: am Anfang das Fahrradfahren, dann das Schwimmen und zum Schluss
sogar das Picknick, obwohl ich's erst entsetzlich

peinlich fand. Auf einmal stand nämlich Niko neben unserer Decke und hat uns guten Appetit gewünscht.

»Oh, danke, Niko!«, ist Mama fast weggeschmolzen.

»Hallo, Niko, setz dich doch zu uns!«, hat Papa ihn eingeladen.

Die beiden kennen ihn natürlich, aber deshalb hätten sie doch nicht gleich wegschmelzen und ihn einladen müssen! Ich hätte mich am liebsten unter die Picknickdecke verkrochen, aber er hat die Einladung zum Glück nicht angenommen.

»Wir machen auch Picknick«, hat er geantwortet und auf eine Decke ein Stück weiter vom Ufer entfernt gezeigt. Dort haben seine Eltern gesessen und gewinkt, und meine Eltern haben zurückgewinkt. Es war oberpeinlich, und auf der anderen Decke hockte auch noch der Gorilla!

Ich dachte da schon, ich sterbe, aber es wurde immer schlimmer. Niko hat nämlich gefragt, ob ich nach dem Picknick noch mal mit ins Wasser komme! Vor Mama und Papa! Und ich hab »Von mir aus« gesagt. Auch vor Mama und Papa. Ich meine: Was hätte ich denn machen sollen? Nein sagen, damit er fragt, warum nicht? Und was dann? Hätte ich von dem blöden Gepupse anfangen sollen? Das wäre doch noch viel peinlicher gewesen.

»Ich komm dich dann holen«, hat er gesagt und ist endlich abgezogen.

Und klar, Mama und Papa fanden ihn obernett. Vor allem Mama, der ich erst sagen musste, dass sie nicht dauernd zu ihm hingucken soll,

wenn sie nicht will, dass ich mich zum Essen wegsetze.

Als ich es abends Lotti erzählt habe, fand sie's erst lustig, aber dann ist sie vor Neugier fast geplatzt.

»Und? Wie war's dann im Wasser?«, hat sie gefragt. »Jetzt sag schon!«

»Nett.«

»Wie nett?«

»Nett eben.«

»Hat er dich getaucht?«

»Nein, wieso?«

»Und auch nicht nass gespritzt?«

»Nein!«

»Aber er hat dir gezeigt, wie lang er unter Wasser bleiben kann?«

»Ja.«

»Und *du* hast gestaunt?«

»Ein bisschen.«

»Dann seid ihr also doch verknallt!«

Vielleicht hätte ich schon bei der ersten Frage misstrauisch werden sollen, aber jetzt war es zu spät. Für Lotti war die Sache klar, und jeden Versuch, mich zu verteidigen, hätte sie nur gegen mich ausgelegt. So was kennt man ja vom Schulhof. Also hab ich mich *nicht* verteidigt, sondern nur gegähnt und Lotti gebeten, dass sie endlich ihre Geschichte weitererzählt, das ewige Gequatsche über Jungs langweile mich nämlich zu Tode.

»Bloß, dass in der Geschichte auch ein Junge vorkommt«, hat Lotti geantwortet.

Und ich: »Aber in den bist *du* verknallt!«

»*War* ich vielleicht.«

»Jetzt nicht mehr?«

»Ich hab's mir überlegt: Dass er mich weggeschenkt hat, kann ich ihm leider nicht verzeihen.«

»Dann hat dich seine kleine Schwester also genommen?«

»Ja«, sagte Lotti. »Aber nur zum Schein. Das heißt, beim Frühstück hat sie gesagt, dass sie mich nimmt, aber nur, wenn Robert mich ganz bestimmt nicht zurückhaben will, auch nicht, wenn die Bären vom Bärenplaneten kommen und mich suchen und ihm zum Beispiel anbieten, dass sie mich gegen einmal Mitfliegen in ihrem Raumschiff tauschen.

Das sei nur fair, hat ihre Mama gesagt, und Robert hat's versprochen.

Damit war die Sache abgemacht, und Wilma wollte mich unbedingt in den Kindergarten mitnehmen. Ich fand das eigentlich nett und hab mich nur gewundert, als sie mir hinten im

Auto von ihrem Papa ins Ohr geflüstert hat, dass ich Robert kein Wort glauben soll.

›Wenn die Bären ihn in ihrem Raumschiff mitfliegen lassen, ist ihm alles egal, sogar Zoff mit Mama, weil er sein Versprechen nicht hält‹, hat sie mir erklärt. Aber ich bräuchte mir keine Sorgen zu machen, sie hätte sich schon überlegt, wie sie mich in Sicherheit bringt.

Was sie damit meint, wusste ich da noch nicht. Das wurde mir erst klar, als sie die Erzieherinnen im Kindergarten gefragt hat, ob sie mich jemandem schenken darf, der selber keinen Teddy hat, sich aber schon immer einen wünscht. Sie hätte nämlich außer mir noch mal einen, und wir beide würden uns leider nicht so gut vertragen …«

Lotti erzählte das ganz ruhig, aber ich fand, die kleine Wilma flunkerte ganz schön heftig.

»Aber das war doch glatt gelogen!«, hab ich mich aufgeregt.

»Schon«, gab Lotti zu. »Aber es war ja gut gemeint.«

»Oder sie hat nur *so getan*, und in Wirklichkeit wollte sie dich loswerden, weil du ihr unheimlich warst. Das hast du gestern selbst vermutet.«

»Hab ich, ja«, gab Lotti zu. »Aber *Vermuten* ist was anderes als *Wissen*.«

Das stimmte natürlich, und wir haben uns darauf geeinigt, dass wir's leider nicht genauer rauskriegen würden und die kleine Wilma so oder so ganz schön schlau war und im Geschichtenerzählen schon fast so gut wie ihr großer Bruder.

Die Kindergärtnerinnen haben ihr auch alles geglaubt und vorgeschlagen, dass sich die Kinder ohne Teddy melden sollten, unter denen wurde Lotti dann verlost, damit es gerecht ist und keinen Streit gibt.

»War das kein komisches Gefühl, verlost zu werden?«, hab ich sie gefragt.

Und sie: »Ach weißt du, Teddys werden öfter verlost. Ein viel komischeres Gefühl war es, als der Junge, der mich gewonnen hat, mich gar nicht behalten wollte.«

»Sondern?«

»Seiner großen Schwester für so viel Geld verkaufen, wie man für zwei Kugeln Schokoladeneis braucht.«

»Der hat dich für *zwei* Kugeln Schokoladeneis verkauft?«

»Er konnte noch nicht so gut rechnen, und Schokoladeneis mochte er am liebsten.«

Lotti sagte das wieder ganz ruhig. Diesmal wusste ich nur nicht, ob ich mich jetzt aufregen oder schlapp lachen sollte, aber Lotti hat mir die Entscheidung abgenommen und einen fast so großen Lachanfall bekommen wie wegen dem Elch. Wir haben uns weggeschmissen vor Lachen, und erst als wir schon Papa kommen hörten, hab ich gejapst: »Und dann?«

»Dann kamen die zwei fürchterlichsten Tage meines Lebens«, sagte Lotti und war mit einem Schlag todernst.

»War die Schwester denn so schlimm?«

»Nein, nur ihr Hobby.«

Genau als Lotti das sagte, kam Papa ins Zimmer, und ich konnte erst weiterfragen, als er wieder draußen war.

»Und was war das für ein Hobby, das die Schwester hatte?«

Danach musste ich so lange warten, dass ich schon dachte, Lotti wäre eingeschlafen. Aber dann kam die Antwort doch noch.

»Sie ist Mountainbike-Rennen gefahren«, sagte Lotti.

Da ahnte ich schon, warum sie morgens so gezickt hatte, aber es war alles noch viel schlimmer, als ich es mir überhaupt hätte vorstellen können.

»Ihr fehlte bloß noch ein Glücksbringer für vorne am Lenker«, sagte Lotti.

»Und das hat ihr kleiner Bruder gewusst«, sagte ich.

»Genau, mein superschlaues Schnabeltier«, flüsterte Lotti. »Und jetzt lass es gut sein, sonst träum ich noch vom Mountainbike-Fahren!«

Was Lotti am Sonntag erzählt

Von der schnellen Flora

Morgens hab ich Lotti gefragt: *Sie* hat in der Nacht nicht vom Mountainbike-Fahren geträumt. Aber ich dafür umso schlimmer!

Ich hab geträumt, Niko hätte mich nach der Schule gefragt, ob er mich nach Hause fahren soll, und ich hätte Ja gesagt, aber dann hatte er ein Mountainbike ohne Gepäckträger, und der einzige Platz für mich war mit den Beinen nach vorne auf dem Lenker. Im richtigen Leben hätte ich mich da nie draufgesetzt, aber im Traum war ich so blöd und hab's gemacht, und es war nur schrecklich unbequem und auch noch gefährlich, weil ich ja nicht durchsichtig bin. Jedes Mal, wenn Niko sich zur Seite gelehnt hat, um an mir vorbeizuschauen, sind wir Schlangenlinien gefahren, und ich bin vor Angst fast gestorben.

Es war grässlich, und ich hab mich bei Niko auch nicht bedankt, als er mich zu Hause abgesetzt hat, sondern nur mit ihm geschimpft, dass er mich so nie wieder nach Hause zu fahren braucht und er mich lieber zu einem Eis einladen soll, wenn er schon in mich verknallt ist.

Am Ende war's also nicht nur grässlich, sondern auch noch oberpeinlich, und ich war richtig froh, als sich beim Aufwachen herausstellte, dass es nur ein Traum gewesen war.

Als ich Lotti davon erzählte, fand sie die Geschichte trotzdem so witzig, dass sie die ganze Zeit kichern musste. Ich wollte schon sauer werden, aber sie sagte, es wäre gar nicht wegen Niko, sondern weil ich mich nur wegen dem bisschen Schlangenlinienfahren so angestellt hätte. Da sollte ich erst mal abwarten, was *sie* zu erzählen hätte!

Ich war so gespannt, dass ich's kaum erwarten konnte, aber es war nun mal ausgemacht, dass sie immer abends vorm Einschlafen erzählt. Außerdem wollten an dem Sonntag beide Omas und Opas kommen, und ich hatte versprochen, mit Mama und Papa früh aufzustehen und meinen Spezialkäsekuchen mit Heidelbeeren zu backen. Ich musste also bis zum Abend warten, aber dann hatte ich Glück, als Papa kam und fragte, ob es mir was ausmachen würde, wenn die Gutenachtgeschichte heute ausfällt, weil die

Omas und Opas noch ein Weilchen bleiben wollen.

»Und morgen gibt's dafür eine extralange?«, hab ich gefragt, und er hat's versprochen.

Er war noch nicht aus dem Zimmer, da hab ich Lotti schon aufs Kopfkissen gesetzt, und sie ließ sich auch nicht lange bitten.

»Flora hieß die große Schwester«, fing sie an. »Und soll ich dir was sagen, die war eigentlich witzig. So eine ein bisschen Zappelige mit seitlich abstehenden Zöpfen und einer Zahnspange, die beim Lachen schön geglitzert hat. Zum ersten Mal hab ich das Glitzern gesehen, als ihr kleiner Bruder mit den zwei Kugeln Eis einverstanden war. Da dachte ich noch, gut, es ist nicht Mathilda, so was Nettes gibt's sowieso nur einmal auf der Welt, aber wenigstens ist es jemand, der auch gern lacht …«

So, und jetzt musste Lotti leider eine Pause machen. Ich wollte zwar unbedingt hören, wie es weitergeht, aber beim Schniefen hört man nun mal nicht so gut, und das weiß Lotti natürlich.

»Alles in Ordnung?«, hat sie sich nach einer Weile erkundigt.

»Ja«, hab ich geschnieft. »Aber sag so was doch nicht einfach mittendrin!«

»Wann denn sonst?«, hat sie gefragt.

»Vielleicht ganz zum Schluss, dann kann ich mich in den Schlaf schniefen«, hab ich geantwortet.

Da mussten wir beide lachen, und es ging weiter.

»Das zweite Mal hab ich Floras Zahnspange glitzern sehen, als ihre Mama wissen wollte, was sie mit mir vorhat«, erzählte Lotti.

›Du hast doch schon zwei Teddys‹, hat ihre Mama gesagt.

Und Flora lachend: ›Aber für auf den Mountainbike-Lenker sind die beide zu groß! Hast du mal ein Stück Kordel?‹

›Reicht die, mit der ich die Rosen hochbinde?‹, hat ihre Mama gefragt.

Und Flora: ›Bestimmt.‹

Die Kordel war dann rot und wurde im Schuppen mit den Gartensachen aufbewahrt. Dort stand auch das Mountainbike, aber was genau Flora mit mir vorhatte, ist mir erst klar geworden, als sie probiert hat, ob sie mich besser mit dem Gesicht nach vorne oder nach hinten am Lenker festbinden kann.

Es ging ganz klar besser mit dem Gesicht nach vorne, weil ihr sonst meine Beine im Weg gewesen wären. Das hat sie bei einer kleinen Probefahrt im Garten herausgefunden. Oder eigentlich haben wir da beide was herausgefunden: *sie*, dass sie mit den Knien gegen meine Beine stößt, und *ich*, dass ich Mountainbike-Fahren hasse. Wir Teddys sind keine Weicheier, und ich kann im Auto rückwärts auf der Hutablage sitzen, ohne dass mir schlecht wird. Auch den Flug in Helenes Raumschiff würde ich vielleicht noch mal machen, aber Mountainbikefahren: NIE WIEDER!«

Lotti regte sich beim Erzählen so auf, dass sie jetzt erst mal Luft holen musste.

»Zum Glück hab ich ja kein Mountainbike«, sagte ich, um sie zu beruhigen.

Aber die arme Lotti brauchte trotzdem noch ein paar tiefe Atemzüge, bevor sie weitererzählen konnte.

»Ich war also mit dem Gesicht nach vorne am Lenker festgebunden, und bevor wir losfuhren, kam Floras Mama aus dem Haus und meinte, die rote Kordel passe aber mal besonders gut zu einem grünen Teddy. So einen schönen Glücksbringer hätte bestimmt keine andere Rennfahrerin.

Jetzt wusste ich, warum Flora solche engen schwarzen Hosen und ein knallrotes Trikot mit weißen Punkten anhatte – und ich wusste auch, dass sie mit mir nicht nur spazieren fahren wollte.

›Aber fahr vorsichtig!‹, hat ihre Mama sie ermahnt, und sie hat ihren roten Helm aufgesetzt und es versprochen.

Da hatte ich noch kurz Hoffnung, aber sie ging mir schon auf dem Weg zum Gartentor verloren, als Flora ein Stück nur auf dem Hinterrad gefahren ist. *Sie* hat ›Yipppiiieee!‹ gerufen, und ich hab in den Himmel geschaut und mir gewünscht, ich wäre schon da oben und würde als Teddywolke über der Menschenwelt dahinschweben …«

An der Stelle seufzte Lotti, und ich beschloss, sie lieber später mal zu fragen, ob man sich so den Teddyhimmel vorstellen muss. Wenn ich jetzt gleich gefragt hätte, wäre nämlich wieder das Geschniefe losgegangen.

»Dabei war das erst der Anfang«, erzählte Lotti weiter. »Richtig abgedüst ist Flora erst in dem Wald, wo wir auch schon mal mit den Fahrrädern waren, das hab ich an dem kleinen Badesee gemerkt. An dem haben wir kurz angehalten, damit Flora sich kaltes Wasser ins Gesicht spritzen kann, aber sonst sind wir die ganze Zeit nur über Stock und Stein gebrettert. Und über Wurzeln. Und die steilsten Abhänge hoch und

auf der anderen Seite in einem Höllentempo
wieder runter.

Ein paarmal dachte ich, so, das war's jetzt, an
dem Baum kommt sie im Leben nicht vorbei,
den rammen wir direkt von vorn, und es ist
aus – aber sie hat es jedes Mal geschafft und hinterher so laut ›Yipppiiieee!‹ gerufen, dass die Vögel schimpfend von den Bäumen aufgeflogen
sind. Einmal hab ich sogar Wildschweine ins
Unterholz fliehen sehen, und was uns ein paar

Menschen in Wanderstiefeln und mit Rucksä-
cken auf dem Rücken nachgerufen haben, mag
ich gar nicht wiederholen. ›Rücksichtsloser
Lümmel!‹ war noch das Freundlichste, dabei ist
Flora ja ein Mädchen.

So war das, aber den allergrößten Schreck
kriegte ich erst, als wir wieder zu Hause waren.
Da kam nämlich Floras Papa und wollte wissen,
wie das Training heute gewesen sei. Und Flora
meinte:

›Bisschen lahm, aber morgen beim Rennen
lass ich's krachen!‹«

Lotti sah kurz aus, als müsste sie überlegen,
wie es weiterging, aber das täuschte. Sie wusste
es ganz genau und wollte nur nicht das ganze
schreckliche Rennen noch mal nacherleben,
denn das tut man ja beim Erzählen. Das Training hatte ihr gereicht, und so erklärte sie's mir
auch:

»Weißt du, Mathilda, ich könnte dir jetzt das
ganze Rennen von Anfang bis Ende erzählen,
denn ich weiß davon noch jede Kleinigkeit.
Aber ich lass es lieber, dann reg ich mich nicht
so auf. Du kannst dir ja vorstellen, wie es war,
wenn Flora das Rennen mit einem Riesenvor-
sprung gewonnen hat. Das hat sie nämlich.
Dabei waren die meisten anderen, die da mitge-

fahren sind, ältere Jungs! Aber den großen Sie-
gerpokal kriegte die schnelle Flora, wie sie alle
zu ihr sagen, und als man ihr ein Mikrofon hingehalten und sie gefragt hat, was sie mal werden
will, hat sie gesagt: ›Olympiasiegerin!‹ Mir war
schlecht wie nur was, aber da war ich richtig ein
bisschen stolz auf sie.«

»Ehrlich jetzt?«, hab ich an der Stelle gefragt,
weil ich's gar nicht glauben konnte.

»Ja«, hat Lotti geantwortet. »Weil es schon
klasse war, wie sie alle anderen abgehängt hat.
Ich wäre nur lieber nicht dabei gewesen und bin
froh, dass ich auch nie wieder dabei sein muss. –
So, und jetzt rate, wem ich das große Glück zu
verdanken habe?«

»Keine Ahnung«, hab ich geantwortet.

Und dann kam's: »Lina.«

»Du meinst aber nicht …?«

»Doch, die. Sie ist nämlich Floras Cousine
und war als Zuschauerin da. Dieselbe Lina, die
mich vertauschen wollte, hat mich auch gerettet. Sie hat mich auf Anhieb erkannt und Flora
erklärt, dass sie mich unbedingt zurückgeben
muss. Natürlich hätte mich Flora lieber behalten, schließlich hatte ich ihr Glück gebracht.
Aber Lina hat nicht lockergelassen, und als
Flora nicht nachgeben wollte, hat sie ihr als

neuen Glücksbringer ihr eigenes Lieblingsku-scheltier angeboten.«

»Ihr Einhorn?«, hab ich gefragt. »Aber das durfte ich, als sie's in der Schule dabeihatte, nicht mal streicheln, weil davon angeblich sein empfindliches Seidenfell stumpf wird!«

»Da kannst du sehen, wie wichtig es Lina war, ihren Fehler wiedergutzumachen«, sagte Lotti.

»Und mit dem Tausch gegen das Einhorn war Flora dann einverstanden?«

»Nein. Sie hat zusätzlich noch fünf Kugeln Schokoladeneis verlangt.«

»Aber ihrem kleinen Bruder hatte sie dich doch für *zwei* abgekauft!«

»Du vergisst, dass ich inzwischen ein Moun-tainbike-Rennen gewonnen hatte«, sagte Lotti.

»Ich werd's mir merken, falls ich dich auch mal verkaufen will«, sagte ich.

Es war aber alles nur Quatsch, und wir wuss-ten nur nicht, ob wir nun lachen oder weinen sollten, dass auch Lottis letztes Abenteuer so gut ausgegangen war.

Am Ende entschieden wir uns dann fürs La-chen, und am komischsten war es, als Lotti noch schnell erzählte, wie Lina und Flora sie zu uns nach Hause gebracht hatten. Erst kriegten sie nämlich kaum den verflixten Dreifachknoten auf, den Flora vor dem Rennen zusätzlich in die rote Kordel gemacht hatte, damit sie Lotti nicht verliert. Dann bekam Flora schreckliche Bauchkrämpfe von dem vielen Schokoladeneis, wahrscheinlich weil sie nach dem Rennen schon zu viel kaltes Wasser getrunken hatte. Und zum Schluss, als sie Lotti bei uns vor die Tür gesetzt hatten, dachte Lina erst, sie hätte vielleicht nicht fest genug auf den Klingelknopf gedrückt, und als sie dann wie wild drauflosbimmelte, hätten sie fast Papas Schritte überhört und wurden nur nicht erwischt, weil Papa ewig lang zwischen Lotti und dem Klingelknopf hin und her guckte, obwohl ja klar war, dass sie da nicht hochkam.

Das war's, so ging Lottis Geschichte aus, und okay, vielleicht sind verflixte Dreifachknoten und schreckliche Bauchkrämpfe nicht das Komischste der Welt. Aber an dem Abend haben wir darüber Tränen gelacht, und als irgendwann Mama und Papa zusammen Gute Nacht sagen kamen und fragten, ob ich wegen der ausgefallenen Gutenachtgeschichte so weinen müsse, bin ich vom runtergeschluckten Lachen fast geplatzt.

Als Mama und Papa draußen waren, machten Lotti und ich noch einen Plan für die nächsten

Tage, und als wir damit fertig waren, gab's noch mal Lachtränen, als wir uns vorstellten, was manche Leute für Augen machen würden. Darüber müssen wir dann beide eingeschlafen sein.

Und danach?

Ein Wiedersehen mit Lina, Lenny, Aische und den zwei Pappnasen

Die größten Augen – richtige Riesenaugen – machte Lina, als ich Lotti gleich vor der ersten Stunde aus dem Rucksack holte. Sie hatte ja nie nach ihr gefragt, und jetzt, wo ich alles wusste, war mir auch klar, warum: aus Angst, sie könnte sich verplappern. Als sie Lotti sah, guckte sie erst, als wär's ein Geist, dann fing sie an herumzudrucksen.

»Weißt du, ich hab mir schon überlegt, ob Lotti vielleicht … also dass sie … weil du ja nichts gesagt hast … dass jemand sie vielleicht …«

Und ich: »Schon gut. Das mit dem Vertauschen war eine Kackidee, aber dass du Lotti gegen dein Einhorn eingetauscht hast und alles, das war toll.«

Da machte Lina gleich noch mal solche Riesenaugen, konnte aber nichts mehr sagen oder fragen, weil die Stunde anfing. Wir hatten Rechnen, aber alle guckten dauernd nur auf Lotti, die ich vor mir auf den Tisch gesetzt hatte.

Auch Lina guckte, oder sie sogar am meisten, und als sie bei drei mal sieben drankam, ist ihr »einhornzwanzig« rausgerutscht. Die Lehrerin wollte erst, dass wir uns schnell wieder einkriegen, aber dann hat sie sich selbst gekringelt.

In der zweiten Stunde musste Lotti dann in den Rucksack, aber in der großen Pause bin ich mit ihr erst zu Lenny und dann zu Aische gegangen.

Zu Lenny hab ich gesagt, dass es mir leidtäte, wie seine Kumpels ihn wegen Lotti behandelt hätten, aber dass man Kuscheltiere trotzdem nicht in den Abfallkorb schmeißt, und er hat erst bloß dumm geguckt und »Hä?« gesagt, aber dann hat er Lotti erkannt, und wir beide waren ihm schrecklich peinlich, weil seine Kumpels nämlich dabeistanden und jetzt von ihm wissen wollten, ob er allen seinen Freundinnen Teddys schenkt. Er wurde rot bis zu den Ohren und wusste nicht, was er antworten sollte, also hab ich's für ihn übernommen.

»Nein, nur denen, die keine so dämlichen Fragen stellen wie ihr!«, hab ich gesagt und die Knalltüten stehen lassen.

Aische war dann richtig nett und hat sich riesig gefreut, dass Lotti wieder da war, wo sie hingehörte.

»Ich hab mich so geärgert, dass ich sie in der Straßenbahn hab sitzen lassen«, sagte sie zerknirscht, und ich hab sie getröstet, dass es mir mit der ungemütlichen Frau wahrscheinlich genauso gegangen wäre.

Das war der Moment, wo ihre Augen fast so groß wurden wie die von Lina, aber ich hab ihr trotzdem nicht erzählt, woher ich das mit der ungemütlichen Frau wusste, und ihr nur gesagt, dass sie die tapfere kleine Leila grüßen soll.

Bei Aische tat's mir ehrlich ein bisschen leid, dass ich Lottis Geheimnis nicht verraten

durfte, aber ich hatte es nun mal versprochen, und natürlich hab ich auch Lina nichts verraten, obwohl sie mich den ganzen Rest der großen Pause gelöchert hat, woher ich das mit dem Einhorn und allem wüsste, davon hätte sie mir doch gar nichts erzählt.

»Vielleicht hab ich zu Hause eine Zauberkugel, in der ich alles sehen kann?«, hab ich vorgeschlagen.

»Kein Mensch hat so was«, hat sie gesagt.

Und ich: »Aber vielleicht Hexen?«

Danach hat sie erst mich und dann lange Lotti angestarrt, als wäre die so was wie eine schwarze Hexenkatze, die sich nur verstellt, aber wir haben beide keine Miene verzogen. Auch nach der Pause in der Klasse hat Lina weitergestarrt, aber es hat ihr natürlich nichts genützt. Wer kommt schon auf die Idee, dass ein Kuscheltier sprechen kann?

Nach der Schule hab ich Lina dann gefragt, ob sie nicht traurig ist, dass sie jetzt kein Einhorn mehr hat.

»Ich wünsch mir zum Geburtstag ein neues«, hat sie geantwortet. »Und das andere wird vielleicht mal weltberühmt, dann kann ich allen erzählen, dass es mal meins war.«

»Du meinst, wenn Flora Olympiasiegerin

wird?«, hab ich gefragt, und sie hat noch mal zwischen Lotti und mir hin und her gestarrt, aber nichts mehr gesagt.

Gleich darauf hat Linas Mama ihr vom Parkplatz gewinkt, und ich musste mich auch beeilen, weil genau da Aische aus dem Schulhaus kam, die ich fragen wollte, mit welcher Straßenbahn sie eigentlich fährt.

»Mit der Elf«, hat sie geantwortet. »Wieso, willst du mitfahren?«

»Nein, nur so«, hab ich gesagt, aber in Wirklichkeit wollten Lotti und ich die Bahn in die andere Richtung nehmen, um zu sehen, ob wir die Schule von den bekloppten Zwillingen und die Häuser fanden, wo Helene und Robert wohnen. Aber erst nachmittags, jetzt mussten wir schnell nach Hause, wo Papa mit dem Essen wartete.

Papa arbeitet zu Hause am Computer und kocht mittags immer, obwohl's uns beiden bei Mama besser schmeckt.

»Und? In der Schule alles paletti?«, hat er gefragt.

Und ich: »Lina sollte drei mal sieben rechnen und hat einhornzwanzig gesagt, weil sie den ganzen Morgen an ihr Kuscheleinhorn denken musste.«

Das fand Papa so lustig, dass er nicht mal gefragt hat, warum ich so schnell wieder loswill.

Die Straßenbahn haben wir dann aber gar nicht genommen, sondern das Fahrrad, und Lotti hab ich gefragt, ob sie einverstanden ist, wenn ich sie hinten ins Gepäckträgerkörbchen setze. Sie wollte ein schön weiches Kissen drunter, aber sonst war's ihr recht, und die Endhaltestelle zu finden, wo die Zwillinge ausgestiegen waren, war auch nicht schwer: nur immer den Schienen nach bis zu dem Kreisel, wo die Elf umdreht und wieder in die andere Richtung fährt.

Mitten in dem Kreisel war ein kleiner Brunnen, gleich hinter dem Kreisel war die Schule, von der Lotti erzählt hatte, und jetzt kam die große Überraschung: Wir wollten an dem Tag eigentlich nur die Orte auskundschaften, an denen Lotti gewesen war, aber genau als wir anhielten, kam eine Horde Jungs mit Sporttaschen über den Schulhof gerannt, und zwei davon waren Zwillinge, die ganz klar Nils und Lars sein mussten, weil sie sich mitten im Rennen um einen Fußball fetzten, den der eine dem anderen nicht geben wollte.

»Jetzt gib schon, Mann, das ist meiner!«

»Gar nicht deiner, der liegt zu Hause!«

»Der zu Hause ist *deiner*!«

»Stimmt doch gar nicht!«

So ging das hin und her, bis sie ihre Mama gesehen haben, die sie heute anscheinend abholen wollte und nur ein paar Schritte von Lotti und mir entfernt neben einem kleinen schwarzen Auto stand. Da waren sie plötzlich ganz brav und haben ihrer Mama Küsschen gegeben.

In dem Moment dachte ich, okay, wir wollten heute zwar erst nur Orte auskundschaften und die Zwillinge vielleicht morgen oder übermorgen, wenn wir früher aushaben, nach der letzten Stunde abpassen, um ihnen ordentlich die Meinung zu sagen – aber das jetzt, mit ihrer Mama, ist eine Gelegenheit, die kommt vielleicht nie wieder!

Darum hab ich den Fahrradhelm abgenommen, mir Lotti geschnappt und bin zu den beiden hin.

»Entschuldigung!«, hab ich gesagt. »Ich wollte mich nur schnell bei euch bedanken!«

Falls jemand ein Aquarium hat: So wie manche Fische da rausglotzen, haben die Zwillinge jetzt Lotti und mich angeglotzt.

»Dafür, dass ihr Lotti bei uns in der Schule abgegeben habt«, hab ich gesagt. »Ich meine, auf die Idee, dass ein Mädchen doch bestimmt nicht seinen eigenen, sondern höchstens einen fremden Teddy in den Brunnen wirft, muss man erst mal kommen – aber dann auch noch an anderen Schulen nachzufragen, ob jemand einen Teddy vermisst, das war schon toll von euch. Das vergessen wir euch nie, stimmt's, Lotti?«

An der Stelle hab ich Lotti so bewegt, als würde sie nicken, und da konnte die Mama nicht mehr und musste sich ein paar Tränen aus den Augenwinkeln wischen.

»Gott, ist das süß!«, hat sie gesagt und erst Lotti und dann mir über den Kopf gestreichelt.

»Und ihr beiden …« Jetzt hat sie Nils und

Lars in die Arme genommen. »… habt euch ein großes Eis verdient!«

Danach ist sie ins Auto gestiegen, und ich hab Nils und Lars zugeflüstert: »So, und wenn ihr noch ein einziges Mal ein Kuscheltier schlecht behandelt oder überhaupt irgendwen, ihr Papp-nasen, dann komm ich und erzähl eurer Mama, wie's wirklich war!«

Ich hatte schon den Fahrradhelm auf, und Lotti saß längst wieder in ihrem Körbchen, als wir die Mama aus dem Seitenfenster fragen hör-ten, ob die Herrschaften nicht bald einsteigen wollten. Da glotzten die beiden nämlich immer noch.

So war das mit den Zwillingen, damit war das auch erledigt. Nach unserem Plan mussten wir jetzt nur noch Helenes und Roberts Adressen rauskriegen, und das war leicht: Der Park, von dem Lotti erzählt hatte, war wirklich der Stadt-park, wie ich's mir gedacht hatte, der Baum war schnell gefunden, weil tatsächlich noch das Raumschiff in der Astgabel hing, und von dem Baum war's nur ein Katzensprung bis zu Roberts Garten. Helene wohnte fünf Häuser weiter auf der anderen Straßenseite, und als ich mir vorstellte, *mich* würde jemand in einen um-gebauten Vogelkäfig stecken und durch die Luft von dort zu dem Baum im Park katapultieren, musste ich Lotti aus dem Körbchen nehmen und sie lange drücken.

»Teil eins des Plans erledigt«, sagte ich, als wir danach von Helenes Haus wegfuhren. »Und wenn wir morgen länger hier durch die Gegend kurven, fress ich einen Besen, wenn wir die zwei nicht irgendwann treffen. Da freu ich mich jetzt schon drauf.«

Genau dasselbe sagte ich abends im Bett noch mal. Das heißt, erst las Papa die versprochene extralange Gutenachtgeschichte vor, und ich dachte schon, es hätte was mit der Geschichte zu tun, dass Lotti keinen Mucks machte und so gar nicht begeistert dreinschaute, als ich hinterher von Helene und Robert anfing und davon, dass ich mich schon auf die Begegnung mit den beiden freute. In der Geschichte war es um ein Krokodil gegangen, das sich unglücklich in ein Vögelchen verliebt hatte, das ihm immer die Zähne sauber pickte, und ich dachte, vielleicht mag Lotti Krokodile aus irgendeinem Grund nicht leiden.

»Was hast du denn?«, hab ich gefragt. »Ist es wegen dem Krokodil?«

Da rückte sie mit der Sprache raus, dass ich mir Helene und Robert doch lieber allein vor-

knöpfen sollte, weil ihr die beiden immer noch
nicht ganz geheuer wären.

»Allein ist doof«, hab ich gesagt. »Der Plan
war ja, dass sie dumm aus der Wäsche gucken,
wenn sie dich sehen.«

»Oder wir nehmen Verstärkung mit«, hat
Lotti vorgeschlagen.

»Und wen?«, hab ich gefragt.

»Kennst du ein Krokodil?«

»Witzig!«

»Dann eben Niko.«

Jetzt machte zur Abwechslung *ich* keinen
Mucks. Ich meine, war das jetzt ihr Ernst? Dass
ich Niko frage, ob er als Verstärkung mitkommt,
wenn ich zwei Leuten wegen einer Geschichte,

von der er gar nichts weiß, die Meinung sage? Das war doch vollkommen unmöglich.

»Und?«, kam es von Lotti, als ich schon dachte, sie wäre eingeschlafen. »Was ist jetzt mit Niko?«

»Ich kann den doch nicht einfach fragen, ob er nachmittags mal mit mir durch die Gegend radelt!«

»Wenn er ein Teddyjunge wäre – *ich* würd's machen.«

Das war Lottis Antwort, an der ich noch zu knabbern hatte, als sie längst friedlich neben mir schlummerte. Mein letzter Gedanke vorm Einschlafen war dann, dass ich mich doch wohl genauso viel traute wie ein Teddymädchen.

Und noch danach?

Gleich morgens kam mir dann ein Verdacht.

»Mal ehrlich, Lotti – sind dir Helene und Robert wirklich so unheimlich, dass wir unbedingt noch jemand mitnehmen müssen?«

»Denkst du, ich flunker dich an?«

»Vielleicht?«

»Hat man dich schon mal in einem alten Vogelkäfig ins Weltall geschossen, und hinterher solltest du eine Spionin gewesen sein?«

»Nein.«

»Natürlich nicht – sonst würdest du mich nämlich verstehen.«

Was sollte ich da noch sagen? Ich hatte noch nie einen Jungen angequatscht, aber da musste ich jetzt durch. So hab ich's mir überlegt und sonst was für Ängste ausgestanden, was Niko vielleicht sagen könnte, dabei war's am Ende ganz einfach: In der großen Pause hab ich Lina gefragt, ob sie mich zum nächsten von Floras Mountainbike-Rennen mitnehmen mag, und ohne dass ich's wusste, stand zufällig Niko hinter uns.

»Was erzählt ihr da von Mountainbike-Rennen?«, hat er dazwischengefragt.

Und ich, bevor Lina ihn verscheuchen konnte: »Ihre Cousine Flora fährt welche.«

»*Die* Flora?«, hat er gefragt. »Die schnelle Flora, die alle Rennen gewinnt und mal Olympiasiegerin werden will?«

Da wollte ihn Lina nicht mehr verscheuchen, und er hat erzählt, dass er selber Mountainbike fährt und schon fleißig trainiert, damit er auch bald bei Rennen mitmachen kann.

»Cool«, hab ich gesagt. »Meine Eltern kaufen mir leider kein Mountainbike, weil sie sagen, damit nervt man nur Leute, die im Wald spazieren gehen wollen.«

»Stimmt doch gar nicht«, hat Niko protestiert. »Sogar im Stadtpark gibt's für Mountainbiker eine Extrapiste.«

Und ich, dass Lina vor Schreck fast umgefallen wäre: »Nimmst du mich mal mit und lässt mich fahren?«

Auch Niko wäre vor Schreck fast umgefallen, aber bei ihm war's ein angenehmer Schreck, das sah man an so einem kleinen Funkeln in seinen braunen Augen. Dass er braune Augen hat, ob-

wohl er ganz blond ist, hab ich da überhaupt erst bemerkt.

»Heute Nachmittag?«, hat er gefragt.

Und ich: »Um drei hier, dann fahren wir zusammen hin, okay?«

»Okay.«

Wie gesagt, ganz einfach. Nur Lina war auch noch fix und fertig, als ich ihr nach der Pause vorschlug, dass wir ja zu dritt zu Floras Rennen gehen könnten.

»Mit Niko?«, hat sie gestöhnt.

Und ich: »Für dich kann er ja seinen Gorilla mitbringen.«

Da war sie erst beleidigt, aber dann musste sie trotzdem lachen, und es war wieder gut.

Ich weiß, das klingt jetzt ein bisschen schräg, aber das Mountainbike, auf dem Niko nachmittags angefahren kam, sah genauso aus wie das aus meinem Traum, als er mich vorne auf dem Lenker mitgenommen hatte. Dabei war ich mir sicher, dass ich es noch nie gesehen hatte. Oder hatte *ich* es gesehen und es mir nur nicht gemerkt, weil mich Niko ja nie interessiert hatte?

»Stimmt was nicht?«, hat er gefragt, weil ich das Mountainbike wohl etwas zu auffällig anstarrte.

»Nein«, hab ich geantwortet. »Ich hab nur überlegt, ob der Sattel nicht zu hoch ist. Für mich, meine ich.«

Und er: »Den kann man leicht verstellen.«

Dann hat zur Abwechslung *er* auf *mein* Fahrrad gestarrt, besser gesagt auf das Körbchen hinten auf dem Gepäckträger, wo Lotti auf ihrem Kissen saß.

»Lotti *liebt* Mountainbikes und wollte unbedingt mitkommen«, hab ich ihm erklärt, so hatten Lotti und ich es nämlich ausgemacht.

Und er hat gelacht und gesagt, das darf er auf gar keinen Fall Charly erzählen, sonst wird er noch eifersüchtig.

»Charly?«, hab ich gefragt.

»Mein Gorilla«, hat er geantwortet.

Dann sind wir losgeradelt, Niko voraus und ich hinterher, und mitten im Radeln passierte was ganz Komisches: Auf einmal wäre es mir fast lieber gewesen, wenn wir Helene und Robert gar nicht getroffen hätten, weil wir dann mehr Zeit fürs Mountainbike-Fahren gehabt hätten. Gut, was die zwei mit Lotti gemacht hatten, war nicht in Ordnung – aber ob es was nützte, wenn wir ihnen sagten, dass sie doch wohl nicht alle Latten im Zaun hatten? Und vielleicht war es ja gut, dass sie so waren, wie sie waren. Vielleicht wurden sie später mal berühmte Wissenschaftler und kriegten raus, wie wir Menschen zu anderen Planeten reisen können, wenn die Erde für uns zu heiß und zu trocken geworden ist.

Bis wir beim Stadtpark ankamen, hoffte ich fast schon, dass wir die zwei verpassten, und was soll ich sagen: Dann standen sie nebeneinander unter dem Baum mit dem Raumschiff! Oder dem umgebastelten Vogelkäfig. Jedenfalls redeten sie aufgeregt miteinander und zeigten dabei abwechselnd nach oben.

»Die kenn ich!«, rief Niko über die Schulter. »Die spinnen, sind aber sonst ganz nett!«

Dann radelte er auch schon auf sie zu, und ich konnte gar nicht anders, als hinter ihm herzufahren.

»Hallo, Helene, hallo, Robert!«, sagte er, als er haarscharf vor ihnen bremste.

»Hallo, Niko!«

Ich hielt ganz normal an und sagte auch Hallo.

»Deine Freundin?«, fragte Helene.

»Sieht man doch«, behauptete Robert.

Mehr brauchte es nicht, und mir war vollkommen egal, ob die zwei später mal berühmte Wissenschaftler wurden, so was musste ich mir nicht gefallen lassen. Kein Hallo und nichts, und mir dann auch noch blöd kommen!

»WAS sieht man? WAS?«, hab ich erst Robert angepampt. Dann kriegte auch Helene ihr Fett weg: »Und DU bist bestimmt SEINE Freundin, jedenfalls passt es, dass ihr denselben DUMM-QUATSCH redet!«

Die beiden waren vollkommen verdattert, und jetzt hielt ich ihnen auch noch Lotti vor die Nase.

»Übrigens Dummquatsch: Kennt ihr die?«

Die beiden waren immer noch verdattert, konnten aber wenigstens schon die Köpfe schütteln.

»Das ist Lotti, die du mit deinem umgebastelten Vogelkäfig ins Weltall schießen wolltest!«, sagte ich zu Helene.

»Und *du* hast sie gefunden und im Stich gelassen, statt ihr zu helfen, dass sie wieder nach Hause kommt!«, sagte ich zu Robert.

Die beiden schüttelten immer noch die Köpfe.

»Den stinknormalen Teddy da kenn ich nicht«, sagte Helene. »Der, den ich ins Weltall schießen wollte, kam eindeutig vom Mars.«

»Und der, den ich gefunden habe, hat nur wie ein stinknormaler Teddy ausgesehen«, sagte Robert. »Aber in Wirklichkeit war's ein Spion vom Planet der Bären.«

»Unsinn, der kam vom Mars, und das da oben ist mein Raumschiff, das ihn zurückbringen sollte und nur im falschen Winkel abgeflogen ist!«, sagte Helene.

»Das Raumschiff da oben kommt vom Planet der Bären!«, schrie Robert.

»Einen Planet der Bären gibt's gar nicht, genauso wenig wie das Saurierland, von dem du immer faselst!«, schrie Helene.

»Und woher kommen dann die Flugsaurier, die immer hier rasten?«

»Hier rasten keine Flugsaurier!«

»DOCH!«

»NEIN!«

Es war hoffnungslos. Die beiden zofften sich immer weiter und merkten nicht mal, dass Niko und ich auf unsere Räder stiegen und weiterfuhren.

»So geht das bei denen immer«, sagte Niko, als wir bei der Extrapiste für Mountainbiker ankamen. »Dabei hat Helene heute nicht mal ihren Bollerwagen dabei.«

»Wieso? Streiten sie sich über den auch?«, hab ich gefragt.

»Über den Bollerwagen nicht. Aber Robert behauptet jedes Mal, dass ein paar von den Sachen, die Helene eingesammelt hat, ihm gehören.«

»Die spinnen.«

»Sag ich doch.«

Niko und ich haben uns dann kein einziges Mal gestritten, obwohl ich dauernd noch mal mit seinem Mountainbike fahren wollte und er mit meiner lahmen Klappermöhre kaum hinterherkam. Lotti durfte als Zuschauerin auf einem Baumstumpf sitzen, und von da aus fand sie Mountainbike-Fahren sogar spannend. Das hat sie mir abends im Bett extra noch mal gesagt.

»Ehrlich jetzt?«, hab ich gefragt.

»Ehrlich. Wie du um die Kurven gewackelt bist, das war schon besonders.«

»Gewackelt?«

»Na ja, manchmal bist du auch halb abgestiegen, dann nicht.«

»Niko hat gesagt, fürs erste Mal war ich schon spitze!«

»Das war süß, stimmt …«

Jetzt hätte ich mich natürlich mit Lotti streiten können, aber nach so einem schönen Tag dachte ich gar nicht daran.

»Und?«, fragte sie, als das Licht aus war. »Gehst du morgen mit ihm Eis essen?«

Niko hatte mich nämlich eingeladen.

»Ja«, hab ich geantwortet. »Und ich nehm fünf Kugeln Schokoladeneis.«

Danach bin ich mit einem Lächeln im Gesicht eingeschlafen und Lotti bestimmt auch.

Und zum Schluss?

Das Eisessen am Mittwoch war auch schön, und ich hab natürlich keine fünf Kugeln bestellt. Nur eine kleine Portion mit drei. Und weil ich wieder Lotti dabeihatte, hab ich Niko gesagt, er kann ja auch mal Charly mitbringen. Also falls wir noch mal was zusammen machen. Mountainbikefahren zum Beispiel.

»Oder Eis essen«, hat er gesagt.

»Aber dann lad *ich dich* ein«, hab ich geantwortet.

Das ist jetzt drei Wochen her, und inzwischen waren wir fünfmal Mountainbikefahren und dreimal Eis essen. Lotti und Charly waren immer dabei, und die zwei verstehen sich anscheinend richtig gut. Jedenfalls sitzen sie immer brav auf ihrem Baumstumpf oder im Eiscafé auf einem Extrastuhl. Dabei hat Lotti an dem Abend, als ich nachmittags das mit Charly vorgeschlagen hatte, ganz schön gemotzt.

»Mach so was *nie wieder*, ohne mich zu fra-

gen!«, hat sie geschimpft, und ich hab's auch verstanden. Sie kannte Charly ja nur von dem einen Morgen in der Schule, als er immer nur rumgepupst hatte. Das hat er aber nie wieder gemacht. Oder Niko eigentlich, aber der auch nicht, und wenn, hätte ich ihm gesagt, dass es nicht witzig ist und er's bitte lassen soll.

Einmal abends in der Zeit fielen mir auch die ganzen Fragen ein, die ich Lotti irgendwann mal stellen wollte. Woher sie sich so gut mit Menschenjungs auskennt, zum Beispiel.

»Vielleicht weil ich mich gut mit Teddyjungs auskenne?«, hat sie geantwortet, und ja, das hat mir eingeleuchtet.

»Und dann die Sache mit dem Teddyhimmel …«, hab ich weitergefragt, »… schwebt ihr da wirklich als Wolken durch die Gegend und seht immer noch wie Teddys aus?«

»Bei schlechtem Wetter sind wir schon mal zerzaust, aber sonst ja. – Hab ich das nicht erzählt?«

»Mehr so nebenbei erwähnt, aber ich wusste nicht, ob ich's richtig verstanden habe.«

An der Stelle kam Mama oder Papa, genau weiß ich's nicht mehr, zum Gutenachtsagen und Lichtausknipsen, und im Dunkeln hab ich dann die wichtigste Frage gestellt, also die nach dem Sprechen: ob jetzt alle Teddys sprechen können oder nur zufällig Lotti. Aber da hat sie mich auf morgen vertröstet, heute wäre sie schon zu müde. Und am nächsten Tag wollte sie mich wieder vertrösten, aber da hab ich gemerkt, dass sie einfach nur kneift.

»Entweder du erzählst, oder ich geh mit Niko und Lina allein zu Floras Rennen!«, hab ich gesagt.

Das war nämlich fürs darauffolgende Wochenende ausgemacht, und dass Niko Charly mitbringen würde, war ja klar.

»Das ist Erpressung!«, hat Lotti protestiert.

»Nein, Notwehr«, hab ich gesagt, obwohl sie natürlich recht hatte.

»Na gut«, hat sie nachgegeben. »Aber kein Wort zu Niko oder Charly, sonst red ich nie wieder mit dir!«

»Versprochen!«, hab ich gesagt, dann war es gut.

»Weißt du, die Sache ist mir ein bisschen peinlich«, fing Lotti an. »Es ist nämlich so, dass wir Teddys eigentlich *alle* sprechen können. Wir sind nur auch ein bisschen bequem und haben es gern ruhig, darum tun wir's erst, wenn uns irgendwas aus dem großen Teddyschlummer weckt. So nennen wir das: den großen Teddyschlummer. In manchen Teddyfamilien passiert das anscheinend nie, aber in unserer hat es schon mit meinem Urgroßvater angefangen. Na ja, und jetzt kommt das Peinliche …«

Lotti musste ein paarmal schlucken, aber ich hab einfach nur gewartet.

»Also da waren Leute, die haben meinen Urgroßvater nur angeschafft, damit er neben einem grässlich verstopften kleinen Jungen auf ei-

nem eigenen Teddytöpfchen sitzt, bis die Mama
von dem Jungen ihn hochhebt und behauptet,
er, also mein Urgroßvater, hätte schon groß gemacht. Wilhelm-August hieß der kleine Junge,
und seine Eltern dachten, dass er sich vielleicht
schämt, dass er's nicht so gut hinkriegt wie der
Teddy, und es ihm nachmacht. Lange ging das
so, bis es mein Urgroßvater eines Tages nicht
mehr ertragen konnte, und schuld daran war
Wilhelm-Augusts Mama, die an dem Tag zusätzlich das Fenster aufgerissen und das Töpfchen
rausgehalten hat, damit auch alle sehen, wie
ganz besonders groß der Teddy angeblich gemacht hatte. Da hat mein Urgroßvater die Nerven verloren und »Kacke noch mal, nein!« gerufen. Die Wut über den blöden Quatsch hatte

ihn aus dem großen Teddyschlummer geweckt, und das Pech von dem armen August-Wilhelm war, dass jetzt auch noch alle dachten, *er* hätte so hässlich geflucht. Mein Urgroßvater war von da an lieber wieder still, aber seitdem haben in unserer Familie alle irgendwann gesprochen.«

Das war die Geschichte von Lottis Urgroßvater, und ich wusste nur nicht, was daran so peinlich sein sollte. Peinlich waren doch höchstens August-Wilhelms Eltern.

»Das Wort mit K«, erklärte mir Lotti. »So was sagen wir Teddys nicht.«

»Ich schon«, sagte ich.

»Wir müssen euch Menschen ja nicht alles nachmachen«, sagte Lotti.

Und ich: »Kacke noch mal, stimmt!«

»Witzig!«

»Okay, hätt ich mir sparen können. – Darf ich trotzdem noch was fragen?«

»Frag!«

»War's bei dir auch so was wie Wut, was dich aus dem großen Teddyschlaf geweckt hat?«

»Nein, so ziemlich das Gegenteil.«

»Du meinst, es war, weil du mich …?«

Stille.

Dann ich, als Lottis Atem immer ruhiger wurde: »Schläfst du?«

»Nein. Aber wenn du unbedingt eine schmalzige Liebeserklärung hören willst, probier's bei Niko – ich bin hier bloß der Teddy!«

»Du bist doof.«

Stille.

»Außerdem muss es bei dir *die* Teddy heißen, schließlich bist du ein Mädchen!«

Wieder Stille, aber dann Lotti:

»Kacke noch mal, stimmt!«

Danach haben wir noch ewig lang gekichert, und mein letzter Gedanke vorm Einschlafen war, wie es wohl wäre, wenn alle Kinder ihre Teddys so lange knuddeln würden, bis sie sprechen. Wahrscheinlich wäre das Gequassel schlimmer als bei den Schnabeltieren.

Inhalt

Friedbert Stohner, geboren 1951 in Altlußheim am Rhein, war viele Jahre im Verlagsgeschäft tätig, zuletzt als Verlagsleiter Kinderbuch bei Hanser. Daneben übersetzte er, meist zusammen mit seiner Frau Anu, aus dem Finnischen und Englischen. Zu den Preisen, mit denen das Übersetzerpaar ausgezeichnet wurde, zählen der Finnische Staatspreis und der Übersetzerpreis des Hans-Christian-Andersen-Preises. »Ich bin hier bloß der Teddy« ist Friedbert Stohners fünftes Buch in der »Ich bin hier bloß«-Reihe.

Hildegard Müller, 1957 geboren, lebt als Grafikdesignerin, Illustratorin und Autorin in Ginsheim bei Mainz. Für ihre Bilderbücher wurde sie mehrfach ausgezeichnet. Für das Hanser Kinderbuch illustrierte sie bereits die anderen Bücher der »Ich bin hier bloß«-Reihe.
Mehr zu Hildegard Müller: www.himue.de

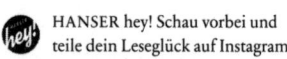 HANSER hey! Schau vorbei und
teile dein Leseglück auf Instagram

1. Auflage 2021

ISBN 978-3-446-26958-3
© 2021 Carl Hanser Verlag GmbH & Co. KG, München
Umschlag, Gestaltung und Satz: Hildegard Müller, Mainz
Satz: Satz im Verlag
Druck und Bindung: Friedrich Pustet, Regensburg
Printed in Germany

MIX
Papier aus verantwor-
tungsvollen Quellen
FSC® C014889

Ebenfalls erschienen:

Hanna Johansen
Ich bin hier bloß die Katze
Illustriert von Hildegard Müller

Jutta Richter
Ich bin hier bloß der Hund
Illustriert von Hildegard Müller

Friedbert Stohner
Ich bin hier bloß der Hamster
Illustriert von Hildegard Müller

Friedbert Stohner
Ich bin hier bloß das Pony
Illustriert von Hildegard Müller

Jutta Richter
Ich bin hier bloß das Kind
Illustriert von Hildegard Müller

Friedbert Stohner
Ich bin hier bloß das Schaf
Illustriert von Hildegard Müller

Amelie Fried
Ich bin hier bloß die Mutter
Illustriert von Hildegard Müller

Friedbert Stohner
Ich bin hier bloß der Opa
Illustriert von Hildegard Müller